旅游学导论

主　编　雷晓琴　谢红梅　范丽娟
副主编　朱国铭　肖　文　龚晓青

北京理工大学出版社
BEIJING INSTITUTE OF TECHNOLOGY PRESS

版权专有　侵权必究

图书在版编目（CIP）数据

旅游学导论/雷晓琴，谢红梅，范丽娟主编 . —北京：北京理工大学出版社，2018.9
　ISBN 978-7-5682-6346-7

Ⅰ. ①旅…　Ⅱ. ①雷…②谢…③范…　Ⅲ. ①旅游学-高等学校-教材　Ⅳ. ①F590

中国版本图书馆 CIP 数据核字（2018）第 210072 号

出版发行／北京理工大学出版社有限责任公司
社　　址／北京市海淀区中关村南大街 5 号
邮　　编／100081
电　　话／（010）68914775（总编室）
　　　　　（010）82562903（教材售后服务热线）
　　　　　（010）68948351（其他图书服务热线）
网　　址／http：//www.bitpress.com.cn
经　　销／全国各地新华书店
印　　刷／涿州市新华印刷有限公司
开　　本／710 毫米×1000 毫米　1/16
印　　张／11.5　　　　　　　　　　　　　　责任编辑／张慧峰
字　　数／206 千字　　　　　　　　　　　　文案编辑／张慧峰
版　　次／2018 年 9 月第 1 版　2018 年 9 月第 1 次印刷　　责任校对／周瑞红
定　　价／48.00 元　　　　　　　　　　　　责任印制／李　洋

图书出现印装质量问题，请拨打售后服务热线，本社负责调换

前 言

2014年8月21日，国务院颁布了《关于促进旅游业改革发展的若干意见》（国发〔2014〕31号），从树立科学旅游观、增强旅游发展动力、拓展旅游发展空间、优化旅游发展环境、完善旅游发展政策等多个方面提出了对我国未来一段时期旅游发展的具体要求，并明确到2020年境内旅游总消费额达到5.5万亿元，城乡居民人均出游4.5次，旅游业增加值占国内生产总值的比重超过5%的目标，这意味着国家为把旅游业打造成战略性支柱产业制定了时间表，也拉开了我国新一轮旅游发展的序幕。这就要求旅游产业在新的发展态势下，要更加注重与其他产业的融合，更加注重创造新的旅游发展模式，更加注重创造旅游消费需求和引领旅游消费潮流，并且要不断提升旅游者的消费体验，才能使传统的旅游业转型升级为现代服务业。旅游发展创新的前提之一便是拥有高素质的旅游专业人才。因此，培养既具有扎实理论基础，又熟练掌握实践技能的旅游专业人才成为目前旅游专业职业教育的当务之急。

在此背景下我们编写这本书，一方面是为了适应当前高校教育教学改革的需求，满足中国旅游业对多层次旅游专业人才的需要，帮助我国职业教育旅游专业学生和从业人员掌握先进的知识和技能；另一方面，以旅游产业最新发展动态为导向，以强化学生的市场化视野。

为了适应旅游管理教学改革的特点，本书以旅游学的研究对象为主线，既注重对旅游学的基本原理的阐述，又将当前旅游业发展中的热点问题和实践经验融入其中，突出新颖性和职业性。在编写时，我们既注意将旅游学中容易混淆的相关概念进行辨析，以帮助读者能够更好地理解旅游的基本概念；又加入了旅游餐饮、旅游购物等容易被传统教材所忽略的内容，力求让读者能够全面认识旅游学所涉及的研究对象。此外，本书还系统地阐述了智慧旅游、"互联网+旅游"以及全域旅游的相关概念，并结合互联网时代的特点对我国旅游业未来的发展趋势进行了探讨，有助于读者紧跟现代旅游业发展的时代步伐。

本书共分8章，从旅游者、旅游业、旅游产品、旅游目的地、旅游市场、旅游影响、可持续旅游发展、旅游的发展模式以及旅游业的未来发展趋势等领域探讨了旅游学的基本概念，原理和方法，并列举了大量的真实案例作为知识补充。

本书由雷晓琴、谢红梅、范丽娟担任主编，朱国铭、肖文、龚晓青担任副主编，在编写过程中查阅并借鉴了国内外大量关于旅游理论的文献材料、著作和论文，并得到了许多兄弟院校的大力支持与帮助，在此一并表示感谢。由于编者水平有限，书中不足之处在所难免，敬请广大读者批评指正。

编　者

目　录

第一章　旅游活动 …………………………………………………（1）
第一节　旅游的概念 ………………………………………………（2）
一、定义旅游的两种方法 ……………………………………………（2）
二、旅游的基本内容 …………………………………………………（4）
三、本书对旅游的定义 ………………………………………………（5）
第二节　旅游活动的类型 …………………………………………（5）
一、旅游类型 …………………………………………………………（5）
二、国内旅游与国际旅游的比较 ……………………………………（6）
第三节　旅游活动的本质 …………………………………………（7）
一、旅游的审美本质 …………………………………………………（7）
二、旅游的社会本质 …………………………………………………（8）
三、旅游的生理本质 …………………………………………………（9）
第四节　旅游的社会属性 …………………………………………（10）
一、旅游是社会经济到一定阶段的产物 ……………………………（10）
二、旅游是社会政治、文化的产物 …………………………………（11）
第五节　现代旅游活动的特点 ……………………………………（12）
一、综合性 ……………………………………………………………（12）
二、大众性 ……………………………………………………………（12）
三、持续性 ……………………………………………………………（13）

第二章　旅游的产生与发展 ………………………………………（16）
第一节　旅游的历史分期 …………………………………………（17）
一、古代旅游（19世纪40年代以前）………………………………（17）

二、近代旅游（从19世纪中叶到第二次世界大战结束） ……………（18）
三、现代旅游（第二次世界大战结束到现在） …………………（18）
第二节　19世纪以前的旅游活动史话 ……………………………………（19）
一、位移与迁徙——人类的生存抗争 ……………………………（19）
二、商旅——新的生存方式的选择 ………………………………（20）
三、旅行——新的生活方式的出现 ………………………………（21）
第三节　近代旅游和旅游业的开端 ………………………………………（24）
一、近代世界产业革命是旅游业形成和发展的催化剂 …………（24）
二、交通运输是旅游业发展的前提 ………………………………（25）
三、托马斯·库克与现代旅游业的诞生 …………………………（26）

第三章　旅游者 …………………………………………………………（29）

第一节　旅游者的界定 ……………………………………………………（30）
一、国际旅游者 ……………………………………………………（31）
二、国内旅游者 ……………………………………………………（33）
第二节　旅游者形成的客观条件 …………………………………………（36）
一、收入水平 ………………………………………………………（36）
二、闲暇时间 ………………………………………………………（38）
三、其他影响因素 …………………………………………………（39）
第三节　旅游者形成的主观条件 …………………………………………（41）
一、旅游需要 ………………………………………………………（41）
二、旅游动机 ………………………………………………………（42）
第四节　旅游者的类型及其特点 …………………………………………（46）
一、旅游者类型划分的标准和意义 ………………………………（46）
二、划分旅游者的基本类型 ………………………………………（47）
三、不同类型旅游者的基本特点 …………………………………（47）

第四章　旅游对象 ………………………………………………………（51）

第一节　旅游资源 …………………………………………………………（52）
一、旅游资源的定义 ………………………………………………（52）
二、旅游资源的产业意义 …………………………………………（54）
三、旅游资源的分类 ………………………………………………（55）
四、旅游资源的特点 ………………………………………………（57）
五、旅游资源的结构功能 …………………………………………（59）
六、旅游资源开发 …………………………………………………（60）

第二节 旅游设施 ……………………………………………… （64）
 一、旅游设施的分类 ……………………………………… （64）
 二、旅游设施与旅游资源的关系 ………………………… （65）
 三、旅游设施建设的原则 ………………………………… （65）
第三节 旅游服务 ……………………………………………… （66）
 一、服务是旅游业的核心产品 …………………………… （67）
 二、旅游服务的定义 ……………………………………… （67）
 三、旅游服务的特点 ……………………………………… （68）
 四、旅游服务的质量 ……………………………………… （69）

第五章 旅游业 ………………………………………………… （71）
第一节 旅游业的概念 ………………………………………… （72）
 一、什么是旅游业 ………………………………………… （72）
 二、旅游业的构成 ………………………………………… （74）
 三、旅游业的性质 ………………………………………… （75）
 四、旅游业的基本特点 …………………………………… （76）
第二节 旅行社 ………………………………………………… （77）
 一、旅行社的定义 ………………………………………… （77）
 二、旅行社的分类 ………………………………………… （78）
 三、旅行社在旅游业中的作用 …………………………… （80）
 四、旅行社的业务 ………………………………………… （81）
 五、我国旅行社的发展现状 ……………………………… （84）
第三节 住宿业 ………………………………………………… （85）
 一、住宿业的性质 ………………………………………… （85）
 二、住宿业的作用 ………………………………………… （86）
 三、住宿业的类型 ………………………………………… （88）
 四、住宿业的等级 ………………………………………… （88）
第四节 旅游交通 ……………………………………………… （90）
 一、旅游交通在旅游业中的作用 ………………………… （90）
 二、现代旅游交通的主要形式 …………………………… （92）
第五节 旅游景区（点） ……………………………………… （94）
 一、什么是旅游景区（点） ……………………………… （94）
 二、旅游景区（点）的类别 ……………………………… （95）
 三、我国旅游景区（点）的质量等级划分与评定 ……… （97）
 四、旅游景区（点）在旅游业中的地位 ………………… （98）

第六节 旅游业的产品 ……………………………………………（98）
　一、什么是旅游产品 ……………………………………………（98）
　二、旅游产品的特点 ……………………………………………（99）

第六章　旅游市场 …………………………………………（102）

第一节 旅游市场概述 ……………………………………………（104）
　一、市场与旅游市场 ……………………………………………（104）
　二、旅游市场的特点 ……………………………………………（105）
　三、旅游市场的构成要素 ………………………………………（107）
　四、旅游市场细分 ………………………………………………（109）

第二节 旅游客流及其规律 ………………………………………（111）
　一、什么是旅游客流 ……………………………………………（111）
　二、国际旅游客流规律 …………………………………………（111）
　三、世界国际旅游客流的特点 …………………………………（112）

第三节 我国的旅游市场 …………………………………………（112）
　一、入境旅游市场 ………………………………………………（112）
　二、我国在国际旅游市场竞争中存在的问题 …………………（115）
　三、国内旅游市场 ………………………………………………（117）
　四、出境旅游市场 ………………………………………………（120）

第七章　旅游活动的影响 …………………………………（124）

第一节 旅游活动的经济影响 ……………………………………（125）
　一、积极方面的影响 ……………………………………………（126）
　二、消极方面的影响 ……………………………………………（130）

第二节 旅游的社会文化影响 ……………………………………（132）
　一、积极方面的影响 ……………………………………………（133）
　二、消极方面的影响 ……………………………………………（135）
　三、正确认识旅游的社会文化影响 ……………………………（137）

第四节 旅游的环境影响 …………………………………………（139）
　一、旅游与环境的关系 …………………………………………（139）
　二、积极方面的影响 ……………………………………………（139）
　三、消极方面的影响 ……………………………………………（140）

第五节 旅游可持续发展 …………………………………………（141）
　一、可持续发展理论的由来 ……………………………………（141）
　二、可持续旅游发展的内容 ……………………………………（142）

三、实现可持续旅游发展的关键 …………………………… (143)

第八章 旅游业的未来发展 ………………………………… (146)

第一节 旅游业发展面临的挑战 ………………………… (148)
一、当前我国旅游业发展存在的问题 ……………………… (148)
二、传统旅游业面临新的挑战 ……………………………… (149)

第二节 科技发展对旅游业的影响 ……………………… (150)
一、智慧旅游 ………………………………………………… (150)
二、旅游与"互联网+" ……………………………………… (153)

第三节 大数据时代下我国旅游业发展的新趋势 ……… (154)
一、"非标准住宿"引起生活新消费，成为旅游经济新触点 … (154)
二、度假市场成兵家必争之地，OTA具体布局催生并购 …… (155)
三、酒店业抱团取暖成趋势，进军国际市场打造国际化企业 … (155)
四、传统旅游产业转型升级，旅游产业线上线下加速融合 … (155)

附：《中国旅游资源普查规范》 …………………………… (157)

参考文献 ……………………………………………………… (170)

第一章

旅游活动

>> 学习目标 <<

1. 掌握旅游的概念、定义、基本属性及现代旅游活动的特点。
2. 了解旅游活动类型及其划分方法。
3. 了解各种旅游活动的特点。

本章通过对旅游活动的本质属性、根本特征、基本概念的探讨，初步了解旅游活动最根本的问题。现代社会对旅游活动关注和研究的动力是经济，是市场，是产业。所以，论及旅游的概念和本质常常与旅游经济、旅游业捆绑在一起，这就使得人们对旅游的概念模糊，认识分歧。实际上，旅游活动的内涵和外延本身是有其内在规定性的，其概念是容易把握的。只要剥离开旅游经济、旅游产业、旅游业的现代功利因素，应该说旅游活动的概念、本质都是可以认识的。但是，脱离了旅游活动经济、产业的意义，又会使旅游研究失去方向。

>> 导入案例 <<

乡村游是现在旅游的一个主题，各地推出许多乡村旅游活动，但是，并不是所有的乡村都能够在"城镇化"与"保持乡村特色"中找到均衡点。一些乡村游畸形发展，让游客屡屡失望：乡村游看不到田园风光，而宾馆、饭店等都市化的建筑群越来越多；土蛋、土鸡、土菜难觅，一些农家乐干脆从城镇菜市场直接购买；产品单一、形式单调、文化含量不足等弊端已经严重影响了乡村游的质量与发展。

1. 千篇一律，没有特色

乡村游，游的就是一种乡土文化，享受的是一种乡土乐趣。可如今，"土"的东西越来越少了，乡村游名义上是游乡村，实质上却在自觉不自觉地"游城市"。

2. 贪大求洋，竭泽而渔

先说"贪大"。很多乡村游从一开始就是以挣钱为目的，因此，本来比较适合小型化发展的乡村游，也急功近利地采取大规模经营。本来乡村的资源是有限的，比如说人们津津乐道的土鸡、土蛋，因为乡村游的规模变"大"了，这些带着"土"字的东西就相对变少了，一些不法经营者便以假充真，有时候干脆从大商场里买东西卖给游客。

再说"求洋"。一些乡村游的经营者，为了挣钱，对游客百般迎合，甚至大拆大建，令乡村越来越城镇化。

3. 原汁原味不可复制

乡村游要在挖掘乡村的特色上下功夫，真正让乡村游保持原汁原味。

讨论：通过上述案例，试述乡村旅游今后的发展趋势及所面临的问题。

第一节 旅游的概念

一般人理解的旅游，包含了旅游活动和旅游业两个概念。前者是从需求的角度解释，后者是从供给的角度理解。这就是我们常常说的理论性定义和技术性定义。

一、定义旅游的两种方法

对旅游概念的定义有两种方法：理论性定义和技术性定义。理论性定义（或者叫概念性定义）是用逻辑思维的方法（演绎与归纳）给事物定义，是为了探究旅游活动最本质的特征，发生、发展的原因、趋势和规律。技术性定义是用技术的方法（调查统计）给事物定义，这种定义大都根据人们离家外出的活动目的，在目的地停留的时间以及其他一些可能的标准去界定旅游者的范畴。所以，前者更看重旅游的"休闲、娱乐、精神享受"等接近本质的内容；后者只看重广义旅游的经济推动作用和对社会的影响效果。

1. 理论性定义

"旅游是非定居者的旅行和暂时居留而引起的现象和关系的总和。这些人不会导致长期居住，并且不涉及任何赚钱的活动。"这是瑞士学者汉泽格尔和克拉普夫在1942年就提出来的，后来在20世纪70年代为"旅游科学专家国际联合会"（International Association of Scientific Experts in Tourism）所采用，该组织英文缩写为"AIEST"，中文译为"艾斯特"。

艾斯特定义阐明了旅游的以下本质。

（1）流动性。旅游产生于人们的外出运动和在不同地方或目的地的逗留活动。所以从严格意义来讲，在家里或在附近的休闲活动就不能算旅游。如郊区野炊。

（2）相依性。指的是"旅"与"游"的相互依赖性。两个因素缺一个都不是现代意义的旅游。有"旅"无"游"是出差，有"游"无"旅"是娱乐，是休闲。

（3）异地性。旅行和逗留发生在游客常居环境或定居、工作之外的地方。因此，旅游活动所带来的表现和结果与在居住地定居和工作的活动截然不同。旅游活动表现出自由、休闲、新奇，在乎过程中的体验，少有责任感。

（4）暂时性。前往旅游目的地的活动是临时的、短暂的，最终是要回到原住地去的。

（5）非定居性和非就业性。旅游不是为了在访问地定居和就业。

这个定义将旅游活动与人类其他社会活动区别开来，属于理论性的定义。

2. 技术性定义

联合国的"官方旅行机构国际联合会"（AIGTO）认为：

旅游是指到一个国家访问，停留时间超过24小时的短期游客，其旅游目的属于下列两项之一：

（1）悠逸（包括娱乐、度假、保健、研究、宗教和体育运动）；

（2）业务、出使、开会等。

这个定义是一个国际旅游的定义。很显然，从逻辑上说，这个定义不够严密，但明显地出于技术性需要，是为了调查与统计的可操作性，属于技术性的定义。

3. 两种旅游定义的关系

前一种定义称为狭义的旅游概念，后一种定义称为广义的旅游概念。在学习本课程过程中应该怎样去理解两个概念的关系呢？这就要看我们学习的目的和目标是什么。前文提及，现代社会对旅游活动关注和研究的动力是经济，是市场，是产业，这也是我们学习的目的和动机。所以，我们更倾向于从广义的立场去理解旅游。理由如下：

（1）任何有目的的旅行常与休闲消遣相伴。公务旅行和商务旅行大多伴随着消遣旅游活动。旅途过程的消遣旅游活动符合狭义旅游活动的特征——异地性、非定居性、非职业性、消遣性。所以不能排除在旅游活动之外。

（2）任何旅行活动都有旅游经济的意义。出于任何目的到非长住地（国）访问，对接待地（国）都有经济贡献和社会影响，对接待地（国）有旅游经济或产业的意义。

（3）世界共识。国际组织公认事务（包括公务、商务等）访问者应纳入旅游统计人员的范围内。

二、旅游的基本内容

其一，旅游学研究的范围。旅游学研究的范围包括旅游者、旅游活动、为旅游活动服务的经营产业、旅游活动和旅游业对旅游目的地的影响——经济影响、社会影响、文化影响、政治影响等。

其二，定义内容的因果关系。旅游者的旅游活动是因，旅游业及其对旅游目的地的影响是果。旅游业及其对旅游目的地的影响是由旅游活动引起的。反过来，又对旅游活动和旅游者有反作用的影响。旅游地开发的成败、人员的素质对旅游者的兴致、未来出游地的选择、出游的决策有助（或败）兴的作用。

其三，"非就业性"的解释。定义中的旅游活动是"不牵涉任何赚钱的活动"。指的是旅游者出游的非就业性质。这里表述了旅游活动有别于人类其他社会活动的排他性的规定，强调旅游活动的休闲性、消遣性。这就容易把现代旅游概念中的"会议旅游""商务旅游""会展旅游"等广义的旅游经济现象排斥在外。

应该这样理解。休闲性、消遣性肯定是旅游活动最本质的特征。狭义的旅游自然包含在内。而跨地区的会议旅行、商务旅行，甚至政治旅行等往往附带地计划了消遣、观光的内容，这个内容自然符合"非就业性"的特征。即使其动机是非"非就业性"的，其异地流动的消费，也增加了旅游目的地的经济收入，影响了社会和文化。所以从技术的层面讲，也应看作是旅游。（参见表1.1）

表1.1 2015年国际旅游游客人数及收入

	旅游人数/万人次		变化率/%		旅游接待收入/千万美元		变化率/%	
年份	2014	2015	15/14	14/13	2014	2015	15/14	14/13
全世界	546 269	567 033	3.8	5.4	346 703	341 682	7.2	10.4
非洲	18 477	18 800	1.7	0.7	6 530	6 915	5.9	8.5

续表

	旅游人数/万人次		变化率/%		旅游接待收入/千万美元		变化率/%	
年份	2014	2015	15/14	14/13	2014	2015	15/14	14/13
美洲	107 176	111 944	4.4	3.0	84	95 239	0.2	4.8
东亚及太平洋地区	76 973	83 624	8.6	10.6	61 990	69 349	11.9	18.7
欧洲	329 819	337 240	2.3	5.1	174 811	189 820	8.6	11.0
中东	9 875	11 041	11.8	10.0	5 129	6 653	29.7	6.8
南亚	3 949	4 384	11.0	11.0	3 159	3 706	17.3	13.1

＊资料来源：世界旅游组织，2015 年

三、本书对旅游的定义

旅游是非定居者出于和平目的的旅行和逗留而引起的现象和关系的总和，这些人不会导致在旅游地定居和就业。

第二节 旅游活动的类型

一、旅游类型

对一个事物进行类别划分，不同的目的有不同的标准。常用的对旅游活动划分的标准有：

1. 按地理标准划分

其可分为国内旅游、国际旅游（包括出境旅游与入境旅游）、洲际旅游和环球旅游。

（1）国内旅游。

涉及某个特定国家的常住居民在本国国内所进行的旅行。根据国际旅游组织（WTO）的解释，不属于本国居民的长住性的外国人（如使馆人员）在所在国境内的旅游活动，也应归为国内旅游。国内旅游根据在目的地停留的时间，又分为过夜旅游和不过夜的一日游。国内一日游是否纳入国内旅游的统计中，各国的做法不一。

（2）国际旅游。

游客到非常住国家的旅游活动叫做国际旅游。国际旅游又分为入境旅游和出境旅游。入境旅游，其他国家或地区的居民前来本国旅游称为国际入境旅游；出境旅游，涉及该国的常住居民在另外一个国家所进行的旅游。

我国对入境旅游的界定有特殊的情况。我国港、澳、台地区的居民，由于台湾尚未统一，香港和澳门作为特别行政区高度自治，尤其是港澳台同胞来大陆旅游时需要交付外币，以及外汇收入对大陆地区的经济意义，仍视为入境旅游。出于类似原因，大陆居民赴上述三地区旅游也被视为出境旅游。为了与外国人有所区别，我国有关部门针对这一特殊情况采用了"海外"一词，避开了"国际"一词。

2. 按其他标准划分

（1）按旅行距离划分：远程旅游、近程旅游。

（2）按出游目的和归属划分：消遣旅游、事务旅游（包括商务旅游、公务旅游和会议旅游等）、个人和家庭事务旅游（主要指探亲访友和求学旅游等）。

（3）按组织形式划分：团体旅游、散客旅游。

（4）按计价方式划分：包价旅游、非包价旅游。

（5）按年龄划分：儿童旅游、老人旅游、中年旅游、青年旅游等。

（6）按费用划分：自费旅游、公费旅游（包括带薪奖励旅游）。

（7）按行为方式划分：航空旅游、铁路旅游、汽车旅游、游船旅游等。

（8）按活动内容划分：观光旅游、民俗旅游、考古旅游、会议旅游等。

二、国内旅游与国际旅游的比较

是否跨越国界是划分国内旅游与国际旅游的根本标准。从产业意义的角度来看，两者存在以下差别：

第一，从消费程度来看，国内旅游消费水平低于国际旅游。

第二，从停留时间来看，国内旅游逗留的时间短于国际旅游。

第三，从便利程度来看，国内旅游比国际旅游便利。既没有大的语言障碍，也不需要办理什么繁杂的手续。

第四，从经济作用来看，国际旅游对接待国家里说，可以通过挣取外汇的方式增加经济总量，用于弥补国际收支逆差。国内旅游只是促进国内财富的重新分配，其总量并不增加。

基于以上原因，各国的国内旅游需求发展一般先于国际旅游需求。旅游发展的普遍规律是由近及远。但国内旅游业不能赚取外汇，不能增加国家经济的总量，所以，各国发展旅游业总是优先发展国际旅游。这取决于政府的政策导向和市场的发育程度。即便如此，国内旅游市场需求的庞大规模仍然推动着国内旅游业的蓬勃发展。据世界旅游组织估算，在全世界旅游总人次中，国内旅游约占90%以上。

第三节 旅游活动的本质

旅游是一种复杂的社会现象,其审美和娱乐的核心本质构成旅游者追求的目标。旅游活动的真正目的是追求审美、享乐、身心自由的愉悦。当然,旅游活动是建立在一定的物质条件基础上的,是物质生活条件达到一定水平和层次之后对精神享受的追求,是一种高层次的精神文化活动。而且,旅游活动构成的"小社会",与日常社会中的社会有很大的不同,是一种偶然的、自由的、非功利的组合,是一种积极健康的社会交往模式。

一、旅游的审美本质

审美,就是人们对美的事物的观赏、欣赏,为美的事物所陶醉,从而满足人们精神享受的需要,达到身心畅快的目的。

1. 旅游活动追求精神享受

旅游六要素中,"吃、住、行"是手段,"游、购、娱"是目的。因为去"游",所以需要"旅"。游"名山大川",重在"名"和"大"。逛的"名山胜水",重在"名胜"。炫耀的是"我去过某某地方",连最初级的观光旅游也是为了精神的满足。即使是旅途中的购物,其纪念的价值也大于其功能的价值。没有人会说去新疆的目的是为了去买削价货。自然风景的雄奇险峻幽、人文景观的古绝殊美能满足人们各种审美、精神享受的需求。"十里不同俗"带来新奇感,有吸引力,可使人放松精神,促进身体健康。通过对自然美的欣赏,人文美的熏染,社会美的陶冶,可以获得精神的满足,提高鉴赏能力,丰富精神内涵,获得自由畅快的享受。所以说,旅游的吸引力在其一段特殊的经历,是与惯常生活不同的、与众不同的、与过去经历不同的经历。这种经历就是自由畅快的精神享受。

2. 审美享受是旅游活动的本质

人们乐于去旅游,因为旅游的过程中充满了自然、艺术、人文的美。人们通过美的陶冶和欣赏,丰富了精神世界,达到欢娱、自由畅快的目的,提高生活的质量和自身的修养。旅游者的动机是追求自由、畅快的精神享受(审美),是人类社会发展到一定时期人们生活中的基本生活内容。旅游在根本上是一种主要以追求愉快和美好为目的的审美过程,是自由畅快的精神享受。人们常常对旅游的描述是"让心情放飞""回归自然""梦幻旅程""浪漫时光",等等,说明人们对旅游的向往在于心情的舒畅、精神的畅快、审美的感受——点点滴滴可追忆。

二、旅游的社会本质

1. 社会交往是人类的基本需求

社会性是人类有别于一般动物最本质的特征。社会交往也是人类最基本的社会活动。先秦学者荀况言："人，力不若牛，走不若马，而牛马为用，何也？曰：人能群，彼不能群也。""群"就指的社会，强调人之为人，成为大千世界的中心和主宰，在于人能结成社会，成无敌的强大力量。群、社交、交际、公关、交往都是社交活动。在古代自然经济为主要形态的社会中，人们追求的是自给自足，"万事不求人"。就像孔子所描述的理想社会"鸡犬之声相闻，老死不相往来"。彼时人类的社会性特征尚不十分突出，对社会交往的要求远远不及现代强烈。现代社会行业分工越来越细化，人对社会的依赖越来越强。可以说，任何人离开社会都无法生存。所以，社会交往既是生存发展的必修课，也是人类文明的重要内容，是人类生存的基本需求。

2. "中心化交往模式"下的人们受到压抑

社会交往可以划分为两种相反的类型。一种是因"事"而交往的功利型社会交往，另一种是因"情"而联系的自然型社会交往。日常的社会交往以前一种模式为主导，因为它涉及生存之道。日常的社会交往离不开个人对社会的依赖、对他人的依赖。个人的价值在社会交往中体现出来。日常的社会交往主要是因"事"而联系的生存交往。老师与学生、上级与下级、生意的甲方与乙方等，是一种"中心化交往模式"。即是说，交往的双方或群体有一个左右局势的中心，别的人只能处于屈从的地位。这是一种有组织，有领导，便于管理的社会交往模式。它的特点是便于集中和统一，传递信息快捷而准确。但群体成员之间缺乏直接沟通和横向联系，限制多，功利性强。多数人，甚至大多数人在"中心化交往模式"中是被动的，是被支配的、压抑的。人们戴着面具，不真实，心情当然不愉快、不舒畅。即使因"情"而联系的亲情、爱情、友情等，也受社会的规范，道德的约束而显得不自由。长期如此，人们感到疲累而不利于身体健康。所以人们有追求精神自由畅快的强烈要求。

3. "全通道化交往模式"是人们追求的健康愉快的社会关系

旅游状态下的社会交往模式，与日常的社会交往模式有很大的不同，它是一种全通道化的交往模式（有别于中心化交往模式，总是服从别人）。参与交往者自发地开创交往渠道，主动而自由地与任何人交往，每个人都可以成为交往的中心人物。旅游活动可以自由地选择交往对象，不受地域、种族、阶级、等级、性别、年龄等的限制。"全通道化的交往模式"是主动、自由的社会交往，是积极健康的交往形式。就像网络上的虚拟交往模式一样，双方不认识，就能自由畅快地交谈交往，所以才有那么大的吸引力。

在旅游活动中，旅途新鲜刺激，游客自由主动，人际环境宽松，气氛融洽，参与积极，沟通自然，没有顾忌和心理负担，于是会产生别的交往模式难以企及的积极效果。

三、旅游的生理本质

旅游是一种高层次的需求活动，并正在发展成为人们生活中的一种基本需求。在旅游中，人们社交、受尊重、自我实现的需求都可以得到体现。这是人们需要层次提高的表现，是一种高层次的消费活动。

人本主义心理学家马斯洛提出"需要层次论"。他根据人的心理发展过程所支配地位的先后，把人的需要分为5个层次。由低到高的层次依次为：生理的需要——饥渴、睡眠、活动力；安全的需要——安全、避免恐怖和忧虑；归属和爱的需要——友爱、爱他人和被人所爱；尊重的需要——自尊和尊重他人；自我实现的需要——个人自我满足。

马斯洛认为，首先，人只有在低一层的需要相对满足之后，高一层的需才会依次产生。如果所处层级的需要得不到满足，最低层次的生理需要将支配人的行为（如乞丐、偷盗）。如果这些需要得到了满足，他们将不再起激励作用，会受到更高层级需要的激励。其次，不同的人在不同的情景下，其主导需要是不一样的。所以，人的需要模式呈几种状态：梯形、菱形、倒梯形。梯形模式适应低层次的需要，即生理需要、安全需要尚未满足的人。菱形模式主要适用于中等层次为主导需要的人。倒梯形模式主要适用于以自我尊重和自我实现为主导需要的人。马斯洛的"需要层次论"同样适用于旅游学：人具备了一定的物质条件之后才可能产生旅游需求。旅游是一种高层次的精神文化需求。在旅游中，人们的社交、受尊重、自我实现的需求都可以得到体现。这是人们需要层次提高的表现，是一种高层次的精神消费活动。

当人们的物质生活水平达到一定的水平后，旅游活动同许多精神性的享受一样，会成为基本的需求。20世纪90年代，世界旅行与旅游理事会（WTTC）统计，旅游业为全球创造了10%的国内生产总值。也就是说，全球收入10元，其中就有1元是旅游业创造的。

因为物质生活水平达到一定的水平，甚至超过了一定标准，消费结构将会发生质的变化。过去认为奢侈的生活成为寻常，偶尔的消费成为必须。一般生存性、物质性的消费比例下降，精神性的消费、服务性的消费比例上升，而且逐步成为基本的生活需求。这从世界、中国旅游休闲度假消费的总量增长速度和比率可以得出结论。旅游的需求状况取决于社会的经济状况、生活水平、生活质量。

近年来，我国人民的经济水平和生活质量大幅提高，参加旅游活动的人数逐年大幅增长，旅游消费的水平也大幅提高。广大人民群众逐渐成为旅游消费的主力军。这就说明，当人们的物质生活达到一定的水平，旅游活动同许多精神性的享受一样会成为基本的需求。

第四节　旅游的社会属性

以上所述旅游活动的本质属性是建立在必要的社会条件下的。探讨旅游活动的社会属性，对于认识旅游活动的起因、发展是必要的。

一、旅游是社会经济发展到一定阶段的产物

旅游的产生和发展是和社会生产力的发展水平相联系的，它是社会经济发展到一定阶段的产物。生产力的水平决定了旅游各时代的动机、目的、方式、规模、水平、特征。回顾旅游活动的历史，原始人类生产力十分低下，为生存所迫，不得不"迁徙往来无定处"。这时代的"旅游"莫若说是"位移"或"迁徙"，是一种无奈、被迫、危险的保存生命的活动。奴隶社会到封建时代几千年，社会生产方式经过了几次大的分工，交易、往来、沟通成为必须。"旅途"生活成为生存生产方式的内容之一。经商、朝圣、驿传、征战等都离不开旅途生活。还有极少数皇族、贵族、僧侣等特权阶层开始享受真正的旅游。但是，这一时期交通不发达，旅游依靠自然力（步行）、兽力和原始交通工具（舟船、人力车）。受交通条件的限制，旅游活动的范围十分有限，内容单一，是人们自觉而非自然的行为。所以，社会、经济的发展水平，决定着旅游的规模、时间、方式、范围。以上说明，旅游的产生和发展是社会经济发展的必然产物。

美国的格雷捆姆·T·莫利托研究证明："由于社会的进步，每跨入一个新时代，人们的休闲时间总会延长。约在一万年前，当时农业处在发展时期，人们已不再花更多的时间去狩猎和采集，而腾出其一生中10%的时间用于休闲；在公元前6000年到公元前1500年期间，工匠和手工艺人担负了耗时费力的艰苦劳作，使部分人分出了17%的休闲时间；到18世纪70年代，动力机械（包括早期蒸汽机）更快速的工作，使人们的休闲娱乐时间增至23%；而到20世纪90年代，电力机械几乎提高了一切工作的速度，使人们寻求娱乐享受的时间增加到41%；在2015年之前，新技术和大量其他技术的发展，使人们的休闲娱乐时间有希望增加到50%。"所以，生产力水平的提高，社会经济的整体进步，使人们物质生活水平普遍提高，导致闲暇时间增多，受教育水平的普遍提高，为大众旅

游的产生创造了物质条件。

二、旅游是社会政治、文化的产物

1. 旅游不是纯粹的经济活动

旅游不是纯粹的经济活动，而是一项包括政治活动、文化交流、体育比赛、商业贸易等多方面的内容。是一项涉及政治、文化、商贸等多方面的社会活动。它能促进不同地区，不同民族，不同性质国家之间的交往。人员的大量交往，相互交流，必然带来对社会的影响。旅游是人们普遍交往的手段，促进了国际上人民的友好往来，是国际上民间交往的重要方式，是文化交流的重要渠道。2003年，重庆市举办首届"大河歌会"，世界著名河流地区的民间歌唱家会聚一堂，促进了民间艺术的交流。许多国家和地方政府将旅游作为促进地方经济、文化繁荣的动力。我国各地方政府利用旅游活动"文化搭台，经济唱戏"，就是利用旅游活动的开展，宣传旅游，繁荣市场，促进对外交流，提升地方的知名度和形象地位。如西藏的雪顿节、酆都鬼文化节、山东潍坊风筝节等。

2. 旅游是文化的产物

一个地方开展旅游活动，需要依赖于一定的社会文化背景而进行。旅游者自身的文化素养、旅游地的社会文化环境都会对旅游者的出游动机和旅游活动产生巨大的影响。旅游资源是一定社会文化的体现。即使是天然的旅游资源，也因其与本土文化的有机结合而显出其独特的吸引力。所谓"有仙则名""有龙则灵"。例如，峨眉山与佛教、青城山与道教、都江堰与李冰治水、三峡与巫山神女等莫不如此。一个旅游地的吸引力和市场号召力，按过去的观点看在于资源的独占性。像世界文化遗产之类的资源，都是世界唯一的。但从市场的角度看，从可持续发展的眼光来分析，建立在本土传统文化基础上的文化指向才能使一个旅游地的资源保持长久的活力，常在常新。著名诗人舒婷乘船经过巫峡时，动情地写道："与其在高山顶上矗立千年，不如靠在爱人肩头痛苦一晚！"望霞峰山顶的几块普通风化石头堆砌的神女峰让诗人如此动情，大发感慨，还是在于文化的深邃和故事的动人。不可想象，长江三峡如果没有巫山神女的传说，乐山大佛如果没有海通法师的故事将是多么的苍白而失去炫目的光辉。

3. 旅游是现代生活发展的必然产物

随着社会生产力的发展、劳动条件的改善和人们生活水平的提高，旅游越来越成为广大人民群众物质生活和精神生活的基本组成部分。参加旅游的人数逐年大幅度增加，规模越来越大，消费水平越来越高。

据世界旅游组织预测，到 2020 年，全球将接待 16 亿人次国际旅游者，国际旅游消费将达到 2 万亿美元。国际旅游人数和平均消费水平增长率将分别达到 4.35% 和 6.7%，远远高于世界经济平均增长 3% 的幅度。

我国自改革开放以来，人们物质生活水平和精神文化水平大大提高。五日工作制以来，闲暇时间增多。据有关数据统计分析，2017 年中国公民出境旅游 1.3 亿人次。这完全能说明参与者的广泛性和旅游的普遍性。

第五节　现代旅游活动的特点

现代旅游指的是第二次世界大战结束后，特别是从 20 世纪 50 年代开始，国际政治形势呈现相对稳定的局面，世界经济的迅速恢复和发展，国民收入增多，带薪假日增加，交通的便利使旅游进入了现代化时代。无论从什么角度去阐释旅游活动的定义，人们都在以下几个方面取得了共识。

一、综合性

现代旅游活动的综合性主要表现在两个方面。

1. 旅游消费的综合性

旅游消费涉及"吃、住、行、游、娱、购"多方面。旅游活动已经不仅仅是观光的内容，观光甚至不是主要的目的，像修学旅游和保健旅游。一次完整的旅游经历才是旅游产品的真正内涵，那就包含了这次旅游活动的特殊经历中的新奇内容和旅途中所需要的日常生活的内容，都成为旅游活动中不可或缺的组成部分。所以说，旅游是人们的旅行和暂时居留而引起的各种现象和关系的总和。它不仅包括旅游者的活动，还涉及旅游活动客观上带来的一切现象以及关系变化所产生的一切现象和关系。

2. 旅游产业的综合性

现代旅游业的发达需要相关行业的支持与配合。像旅馆业、饮食业、商业、交通运输业、建筑业、文教、卫生、公安等行业和部门，都是现代旅游业发展与形成的重要组成部分。旅游业对相关行业、部门的广泛联系性和依赖性，使旅游业成了一个难以独立存在的、综合性的产业。

二、大众性

现代旅游已经打破了少数富人、特权者的专利，成为不受阶层、国家、民族、性别、年龄等限制的广泛的群众性活动。人民群众成了现代旅游活动的主体。大众旅游的兴起，成为现代旅游活动发展的一大特点。

1. 参与的广泛性

大众旅游（Mass Tourism），首先是指旅游活动参加者的范围已经扩展到普通的劳动大众。20世纪以来，由于社会生产力水平的提高，普通大众的物质生活水平也逐步提高。"提高生活质量"成为20世纪后期遍及全球的时尚口号。因此，体现生活质量提高的旅游活动进入普通人的生活视野。20世纪50年代以后，国际旅游开始触及很多国家的大众市场。工人、农民、退休人员甚至家庭主妇成为旅游队伍的重要组成部分。

2. 内容的普及性

随着现代旅游的深入发展，旅游的种类、方式、内容也更加多样化、多元化、普及化，能够满足更加广泛的普通大众的旅游需求。旅游接待设施的建设也出现多种档次的趋势，既提供高级享受的豪华设施，也提供一般旅游者享用的普通设施，价格也出现豪华、标准、经济等不同的档次，拉开了消费的距离，使旅游活动得以更加广泛的普及。

3. 形式的大众性

大众旅游另一个重要的特征是团体包价旅游模式的出现。包价旅游指旅游者在旅行社的组织和安排下，借助各类旅游企业提供的产品和服务，按预定的时间、线路和活动内容，有计划地完成全程旅游活动。由于这种形式方便、价廉，很受普通旅游者的青睐，在现代旅游中非常普及，因此被称为大众旅游。采用这种形式外出旅游的人也被称为大众型旅游者。虽然大众旅游模式只是旅游业的初期消费形态，以观光为主要内容，标准化的服务内容，套路化的运作方式，甚至违背自由、休闲的旅游本质特征。但它低廉的价格、便利的方式、标准化的运作，仍然对刚开始参与旅游的普通大众有极大的吸引力，成为大众旅游时代最主要的旅游模式。

三、持续性

现代旅游的另一个特点是增长趋势的持续性。自20世纪50年代起，全世界旅游（包括国际旅游和国内旅游）活动的发展呈逐年持续增长的趋势。当然，持续增长的总趋势是针对全世界整体情况而言的。局部地区和特殊的地区也许不符合这条规律。如当今世界局部地区的战争对旅游市场的负面影响，对旅游地的破坏。20世纪70年代以前，中东地区曾是国际旅游的热点地区，但中东战争的爆发和政治局势的动荡，使这一地区许多国家的旅游业受到致命的打击。1997—1998年亚洲金融危机导致东亚地区旅游接待人数下降1.6%，旅游收入下降10.2%。但局部地区的停止和倒退并不能改变和影响整个世界旅游持续增长的总趋势。（参见表1.2）

表1.2　全世界国际旅游人次及消费变化情况

年份	国际旅游人次/亿人次	国际旅游收入/亿美元
1950	0.25	21.0
1960	0.60	68.6
1970	1.59	179.0
1980	2.84	1 023.5
1990	4.58	2 680.0
1995	5.68	4 030.0
2000	6.97	4 758.0
2004	7.60	6 220.0
2013	10.80	11 970.0
2014	11.33	12 450.0

资料来源：根据世界旅游组织（WTO）有关统计数字整理

知识归纳

对于什么是旅游，长期以来，不同的学者基于不同的角度，对旅游的定义进行了多方面的界定。这些定义基本上可以划分为两类：一类是从理论抽象出发，自上而下的概念性定义或理论性定义；另一类是人们出于某些工作，如统计工作的需要，而对旅游做出的具体的技术性定义或实践性定义。在分析几种代表性的定义基础上，本书认为旅游是人们出于主观审美、娱乐和对社会文化、生活和历史的体验等目的，暂时离开自己的常住地到目的地做短暂停留所引起的一切现象和关系的总和，并对旅行、观光与旅游等相关概念进行了辨析。旅游活动是一种内容丰富、类型多样、涉及面极广的社会经济活动。就旅游活动本身而言，其有着普及性或大众性、增长的持续性等基本特征。

现代旅游活动的开展涉及现代社会生活的诸多层面，并在不同程度上对其有所反映或表现，从而使旅游活动成为多种现象的综合体现。因此，旅游可以说是社会经济和文化发展到一定阶段的产物。它具备经济活动和文化活动的特点，也必须综合反映社会环境中的多种现象。同时，它还具备休闲属性、消费属性、社交属性及审美属性。

随着大众化旅游时代的到来，世界各地参加旅游活动的人数越来越多，旅游活动的地域范围越来越大，旅游活动的类型也多种多样。本文从地理范围、旅行距离、组织形式、旅游目的、旅游者年龄特征、旅行形式、计价方式等方面的不同对旅游活动类型进行了划分,并简单分析了不同类型旅游活动的特点,以指导旅游市场的开发。

复习思考题

1. 谈谈你对旅游概念的理解。
2. 简述旅游活动的本质。
3. 旅游活动的基本属性有哪些?
4. 简述旅游活动的几种主要分类方法。

旅游的产生与发展

学习目标

1. 了解人类旅游产生与发展的主要过程。
2. 了解托马斯·库克对旅游业所作的重要贡献。
3. 熟悉中国古代旅游的主要形式。
4. 掌握近代世界产业革命对近代旅游产生的影响。
5. 了解第二次世界大战后现代旅游业蓬勃发展的原因。

人类的旅游活动，经历了位移—迁徙—旅行—旅游的不同的阶段。从远古时代为生存所迫，不得不移动的行为到现代以娱乐休闲为目的出门愉快旅行。现代大众旅游的蓬勃兴起，催生出一项生气勃勃的产业——旅游业。旅游，含有旅行和游览两层意思。它的含义从不同的角度有不同的理解。从经济和产业的角度，称之为旅游业，在我国迟至1923年上海商业储蓄银行开设"旅行部"才有我国第一家经营旅游业务的企业。所以普遍认为我国的旅游业作为一项经济事业是20世纪20年代才产生的。从旅游者的角度讲，旅游又有广义狭义之分。狭义的旅游，指以休闲游乐为主要目的的旅行，大凡游览观光、度假、娱乐等旅行活动均属此类。广义的旅游，指一切离开常住地的社会活动，如会议出差、商务往来、文化交流、宗教活动、科学考察等。因此，广义的旅游可以理解为迁徙和位移。从这个意义上讲，早期人类旅游源远流长。

第二章　旅游的产生与发展

导入案例

2015年1月13日，由中国旅游协会、中国旅游报社联合主办的第四届中国旅游产业年会在南昌召开。本届年会以"新常态下的旅游业改革发展"为主题，共设主题论坛、年度发布、产业论坛三大板块。

北京大学旅游研究与规划中心主任吴必虎教授在发言中指出，从2007年开始，中国的入境旅游呈现出下滑的趋势。到了2010年，又有所恢复。可是到了2011年、2012年以后又下滑，这是不断的下降，是一个很大的挑战。中国主要的10大入境国，或者是20大入境国，几乎都呈现出下滑趋势。可是我们周边的国家，它们的入境旅游并没有下滑。比如日本入境游增长24%，印度增长5.9%，泰国增长18%，也就是说大家都在增长，但是中国在下滑。

讨论：为什么中国周边国家的入境旅游都在增长，而中国却在下降？

第一节　旅游的历史分期

今天的"旅游"概念，是20世纪40年代后才出现。过去长时间采用的是"旅行"的意义。现代意义旅游的形成，与人类社会、经济、科技、文化的进步有千丝万缕的联系，有其产生的动力和必然性。据此，我们把旅游的历史分为三个阶段。

一、古代旅游（19世纪40年代以前）

1. 交通工具落后，制约了人类远行的脚步

19世纪40年代以前，旅行交通沿袭了数千年的传统的方式，主要以步行、人力、兽力为主。其主要特点体现为：

（1）速度慢。八百里加急是皇帝紧急情况下专用的最快速度了，折算成里程速度为16.66千米/小时。

（2）载量轻。四轮马车、大木船是载人最多的交通工具了。

（3）成本高。基于前两个因素，传统交通运行成本比现代交通高了许多，超出了普通大众的承受能力。

（4）交通落后。人类大规模的、频繁的远行旅游基本不可能。

2. 出游人少，难以形成专门的产业

历史上，极少数的王公、皇族、贵族、僧侣等占有社会资源，享有特权，能负担起出游的消费；绝大多数的普通大众由于经济条件、自由时间和社会地位的

制约，被排除在了旅游行列之外。因此，没有一定规模的消费动力的推动，为旅游服务的产业——旅游业就难以形成。这期间的旅游者大多采取自助游的方式。

3. 游客活动范围小，社会的影响力弱

交通落后限制了人类远行的脚步，人类在地球上的活动范围大大受到限制，旅游活动对社会的影响力度就相对有限。国家间的交往、民间的来往、文化的交流、科技的交流都受限制。因此，这期间，旅游既不能成为经济产业，也无法成为受重视的社会现象。

二、近代旅游（从19世纪中叶到第二次世界大战结束）

结束古代旅游时代的标志性的事件是18世纪末出现在英国的产业革命。机器和机动工具的出现推动了重大的经济社会变革，也推动旅游活动发生了质的变化，进入了近代旅游时代。近代旅游时期有如下的特点。

1. 交通变革时代，人类频繁远行成为可能

火车、轮船的出现，使旅游活动的规模、范围和内容都发生了翻天覆地的变化。人类大规模频繁远行有了可能的条件。与传统交通相比，近代交通速度快、载人量大、成本低廉，是近代旅游活动产生的物质条件。

2. 旅游人数增加，旅游不再是王公贵族的专利

产业革命产生了大量的中产阶级。资产阶级革命和阶级关系的变化打破了封建等级关系的束缚，让大量的新生中产阶级有了出游的财富和机会，也有了出游的要求。尤其是欧洲文艺复兴时期以来，人们从对神的崇敬、膜拜转而到对人本身的重视。人文主义的思潮，让人们更多地关注到人的生活质量和享乐。所以，郊游、踏青、社交、休闲\旅游逐步成了时尚。

3. 旅游需求的增长催生了为旅游服务的专门行业

历史上的旅游，以王公贵族为主体。他们有专门的服务体系。普通大众很难承担这样的服务体系的耗费。近代旅游者数量的迅速增长，就需要有为广大游客服务的公共的服务产业。这时候标志性的事件就是英国牧师托马斯·库克在1845年成立的"托马斯·库克旅行社"，这是世界第一家专门为游客服务的、以收取佣金为代理方式的旅游企业。它标志着旅游产业的产生，也标志着旅行社的产生。

三、现代旅游（第二次世界大战结束到现在）

第二次世界大战以后，世界有一个较长时间的相对和平的时期，政治稳定、生产恢复、经济繁荣，推动了旅游迅猛发展。其表现为以下几方面特点。

1. 旅游交通工具成熟

其表现为立体交通体系的形成。飞机技术、汽车技术的成熟，使游客出游有

更多的选择自由。旅游的方式也出现了多样化的趋势：国际游、国内游，观光游、休闲游、考察游，自驾车、团队游等。

2. 大众化旅游时代到来

普通大众成了旅游的主流——无论是从出游的人次的总量增长上来看，还是从旅游内容的构成上来看（以大众观光为主流），普通大众占了主要部分。所以我们把20世纪中叶至今，称为大众旅游的时代。

3. 旅游业在国民经济中获得了重要的地位

现代旅游所获得的经济总量，使之成为当今世界第一大经济产业。尤其在发达国家，远远超过其他任何行业的收入。而且现代人逐渐认识到，旅游业对其他行业的拉动和影响作用是无比大的，所以，旅游业在国民经济中占了越来越重要的作用。

第二节　19世纪以前的旅游活动史话

一、位移与迁徙——人类的生存抗争

在原始社会的早期阶段，人类所有的活动都是围绕着求生存这一核心目的进行的。这些活动集中表现为借助天然或打制的石块等简陋的自然工具开展。由于生产工具的落后和生产能力的低下，其劳动所获数量稀少，人类的生存无时不处在饥饿、自然灾难侵袭的威胁之中，人们不得不依赖集体的力量去谋求生存，过着一种原始共产主义式的生活。从三峡地区发掘的"巫山人"遗址可以看出，早期人类度过了200万年的愚昧生活，他们以山为家，穴居野处，居无定所，为自然环境所迫，慑于大自然风、雨、雷、电、大山、地震等的威力，为躲避猛兽凶禽毒虫的侵害，也为了寻找新的采集和狩猎的资源，扩大新的生存空间，不得不"迁徙往来无常处"。在新石器时代中期以前，人类没有有意识自觉外出旅行的需要，迁徙活动完全是生存所迫。当时的这类活动都是因某种自然因素（例如气候的变化或天灾对生存环境的破坏）或特定因素（例如战争杀戮）的威胁而被迫进行的，都是出于求生存的需要。换言之，其性质都属于不得已而为之的求生活动。即使是在今天，出于这类需要而远走他乡的活动也只能属于逃荒、避难或移民活动。但是，原始人类迫于生计的山间流浪远远不能算今天意义的旅游，而确实是人类旅行移动的早期萌芽状态。

这个时期，人类征服自然的力量尚不强大，对自然抱有敬畏、惧怕、屈从的观念。新石器时代早期的原始人类，认为宇宙万物都像人一样具有生命甚至灵魂，如山神虹龙、太阳神曦和等，这就是原始人类的"万物有灵"的观念。风

雨雷电、毒蛇猛兽构成了威胁原始人类生存的自然压迫。万物有灵，构成了对原始人类的精神重压。原始人类有限的抗争能力完全不能正面地与自然抗衡，常采取逃避的办法保存实力。因而他们"穴居野处，居无定处"。

据考证，《山海经》成书于春秋到寒带初年之间，书中传达的观念保留了大量万物有灵的思想。书中提到长江三峡地区的巫山，认为它是神居住的地方（按袁珂的解释）。《大荒南经》载："有巫山者，西有黄鸟、帝药、八斋。黄鸟司于巫山，司此玄蛇。"巫山是天帝贮藏神药的地方，有神鸟守护着仙药。巫山还是沟通人间与天地之间的通道——"群巫所从上下也"。据郭璞、袁珂对《海外西经》的解释，"从此上于天。宣神旨，达民情之意。"其意思正好表达了原始人不满足于受拘束的有限生存范围，企盼与天地对话，争取自由活动的空间。所以就有了夸父追日化为邓林的壮烈，大禹治水定九州的奔波，虞舜"入于山林川泽"而不迷的大探险，盘庚为躲避洪涝灾害组织的大迁徙。这些就是早期人类为生存所迫，趋利避害，不断移动的证明。

二、商旅——新的生存方式的选择

到了原始社会新石器时代晚期，随着金属工具的普及和生产技术的进步，生产效率较前有了很大的提高，从而导致了劳动剩余物的出现和增多。在社会经济发展的其他方面，农业和畜牧业有了较快的发展，手工业也开始逐渐发展起来。到了原始社会末期，手工纺织技术已经发展到使用简单的织机，冶金、建筑、运输和工具制造等手工行业和技术也都开始发展。生产力的进步和社会经济的发展促使手工业日渐形成专门性的行业，并最终从家庭生产中分离出来。人类历史上的第二次社会分工，即手工业同农业和畜牧业的分离，也因此而出现。社会分工的发展使劳动生产率进一步得以提高，劳动剩余物的增多则加速了私有制的形成。最重要的是，社会分工的发展意味着承担不同分工的人们出于生活和生存的需要而必须交换他们的劳动产品。例如，终日忙于制造陶瓷的手工艺人没有时间去种植和收割庄稼，这就要求制陶者必须通过以货易货的方式用陶器从专门从事农耕的劳动者那里换取粮食，反之亦然。

实际上，早在第一次社会大分工，即畜牧业和农业的分工之后，游牧部落与农业部落之间因生活而易货的现象便已开始萌发。但由于当时生产力低下，劳动剩余物较少，这种易货交换并不普及。然而随着第二次社会大分工的出现，由于社会分工范围的扩大，特别是由于生产技术的进步和生产率的提高，劳动剩余产品数量增多，从而使货物交换的品种范围和数量得以扩大，并且逐渐发展为很多货品的生产目的就是为了交换。《尚书·酒诰》中描述了殷人商业旅行的状况："天下攘攘，皆为利往；天下熙熙，皆为利来。""肇牵牛车远服贾。"因此后人有"殷人重贾"的印象。可见，早在殷商时期，物资的流动交换便已成为一种重要的社会职能。

随着生产分工和交换的扩大发展，到了原始社会瓦解和奴隶制社会开始形成之时，专门从事贸易经商的商人阶级开始出现。这便是第三次社会大分工，即商业从农、牧、手工业中分离出来。

在中国奴隶制社会鼎盛的商代，生产工具和生产技术的进步、社会分工的扩大，使得生产效率空前提高，从而也使商代成为中国奴隶社会经济繁荣时期。剩余劳动产品的增加和以交换为目的的生产规模的扩大，加之商人阶级对生产和流通的促进，使得以贸易经商为主要目的的旅行活动有了很大的发展。在交通运输手段方面，发明于夏代的舟车到了商代更加普及，牛、马等大牲畜也普遍用于交通运输。旅行条件的改善使商代人的足迹"东北到渤海沿岸乃至朝鲜半岛，东南达今日浙江，西南达到了今日之皖鄂乃至四川，西北达到了今日之陕甘宁绥乃至远及新疆，……已经走遍了他们所知道的世界"。到了春秋战国时期，商旅活动有了更大的发展，出现了许多大商人。他们负货贩运，周游天下。

社会分工的发展使得不同产品交换的地域范围不断扩大。正是由于这一发展，人们需要了解其他地区的生产和需求情况，需要到其他地区去交换自己的产品或货物，因而也便产生了旅行外出的需要。所以，人类最初的外出旅行实际上远非消闲和度假活动，而是人们出于现实主义和产品交换或经商的需要而促发产生的一种经济活动。综观历史上遗留下来的诸多著名的古老旅行线路，例如"丝绸之路""香料之路""琥珀之路""食盐之路"，等等，都是这类活动踏出的踪迹。所以，联合国以及世界旅游组织在很多研究报告中都曾指出，在最初的年代中，主要是商人开创了旅行的通路。

三、旅行——新的生活方式的出现

自上古三代开始延至封建社会数千年，旅途人生逐渐成为上层社会人士的重要生活方式。除了商业旅行之外，人类的其他旅行活动也逐步丰富起来。

旅行活动的发展与交通运输条件是密不可分的。中国封建社会时期的旅行活动发展状况在很大程度上可从当时的交通发展状况中得到反映。

水路交通在中国有着悠久的历史，早在春秋时代便有水运的记载。在汉朝推出漕运政策之后，历代封建王朝也大都将漕运纳为国家的重要政策，从而水路交通运输一直是中国封建社会时期重要的交通方式。其中隋代在发展水路交通运输上的贡献最为突出。隋文帝时期首先开凿了山阳渎，打通了淮水连通长江的水路。在隋炀帝时期，又相继开凿了通济渠、邗沟、永济渠和江南河，从而构成连通华北与江南的运河网。因此，水路交通日盛。唐朝也利用隋代所开的运河开展水路运输，江南的物资多是经长江、邗沟、淮水、汴河、黄河，溯洛水而运至洛阳，再由洛阳溯黄河上行，经渭水直抵长安。宋朝建都开封后，则利用汴河之漕运，运输荆南、两浙、江南东西和荆湖南北"六路粮米"。元、明、清三朝均建都北京，为了弥补内河漕运之不足，遂又发展海运。由江苏太仓起，过长江口北上，绕山东半岛至天津，然后再经通惠河至北京。封建社会时期水路交通的发展虽然是由国家发展漕运所致，但客观上也便利了人们利用水路旅行往来。

陆路交通建设也在不断发展。首先是秦朝"驰道"和"直道"的建设。"驰道"以咸阳为中心，"东穷齐燕，南极吴楚，江湖之上，濒海之观毕至。道广五十步，三丈而树，厚筑其外，隐以金椎，树以青松"。(《汉书·贾山传》)"直道"从咸阳北至九原郡（今包头西南），全长约 900 千米。此外，秦朝还在西南边疆地区修筑了"五尺道"，在今日的湖南、江西、广东、广西之间修筑了"新道"，形成了以咸阳为中心，四通八达的道路网。

秦以后历代的道路建筑也不断有新的发展。这一点可以从历代驿站制度的发展中得到反映。驿站是历代政府沿陆路和水路所设立的馆舍机构，其目的在于传送官方文书和国家物资，以及供往来差旅的公务人员停歇，为其供应宿舍、车马、船轿、人夫、米粮以及牲畜饲料，等等。对驿站的称谓因朝代不同而有差异。早在周礼和先秦典籍中便有关于驿站设置的记载，但那时驿站的设置并不普遍。秦统一之后，随着历代王朝的道路建设，驿站制度不断发展。以唐朝的驿制为例，每隔 30 里设一驿。据《新唐书·百官志》记载，唐朝设置驿站计 1 639 所。照此推算，仅设置驿站的道路里程便达 25 000 公里。随着以后朝代疆域的扩大，道路的通达范围也不断扩展。到清朝时，驿站设置的地域范围已扩展到内外蒙古、新疆和西藏地区。

社会经济的发展和交通条件的改善为封建社会时期旅行活动的扩大发展提供了必要的经济基础和便利条件。旅行活动的规模和范围无疑都有极大的发展。从奴隶社会到封建社会，各种非经济目的旅行也在不断扩大，成为上层人士新生活方式的重要内容。

（1）朝聘之旅。周公制"礼乐"，为了巩固周王室的统治，制定了周王朝与诸侯国之间"礼尚往来"的规章制度。其中的"宾礼"主要有朝见礼、聘问礼、会盟礼等。其中朝见礼是指诸侯按"千里之内岁一见；千里之外，千五百里之内，二岁一见；千五百米之外，二千里之内，三岁一见。二千里之外，二千五百里之内，四岁一见"的规定朝见周天子。(《大戴礼记》)战国时七雄称霸，其他诸侯王也必须按规定时间互派大夫问好，叫"小聘"；每三年互派国卿问好，叫"大聘"。既是"礼尚往来"，就不会孤身空手，当然有礼物的交换，也有迎来送往的热闹。正所谓"呦呦鹿鸣，食野之苹。我有嘉宾，鼓瑟吹笙。"(《诗经·小

雅·鹿鸣》）

（2）巡游之旅。巡游，古代称作"巡""巡守"或"巡狩"，指帝王对诸侯所守地方的视察。孟子云："天资适诸侯曰巡狩。巡狩者，巡所守也。"（《孟子·梁惠王下》）实际上是天子以最高统治者的身份，前往全国各地巡视考察地理形胜、官吏政绩和游赏名山大川，在领土内进行的巡视游览活动，其中祭天封禅是皇室大事。目的在示权扬威，震慑天下，观察民风。以隋炀帝和清乾隆帝的巡视为代表。

（3）游学之旅。春秋战国，天下纷争，"礼崩乐坏"，商周时期的"学在官府"的体制受到破坏，教育文化开始下移，走进社会和私门。天下渴求知识的学子们不问艰辛，不问路遥，纷纷走向了投师问学、切磋学问的旅途。如孔子周游列国，成就儒家思想体系；洛阳苏秦、魏人张仪游学陕西鬼谷，习得王道权谋；荆轲游于赵燕，结交贤人勇士。游学之旅是春秋战国时期"百家争鸣，百花齐放"的重要表现形式，它改革了士人阶层的阶级关系，加速了时代的思想进程。

（4）游说之旅。其兴起的主观条件是掌握文化知识的士，普遍奉行"学而优则仕"的原则，渴望"朝为田家郎，暮登天子堂"，遂纷纷踏上游说之途。他们朝秦暮楚，遍游列国，标榜自己的学说和主张，企图通过论辩之术，获得诸侯、私家的赏识，从而达到以布衣取卿相的功利目的。春秋战国时期的代表人物有赵国平原君、齐国孟尝君、魏国信陵君、楚国春申君及其诸多门客。

（5）羁游之旅。也被称为"流放"或"放逐"。它是由政治惩罚而形成的一种被迫的、压抑的，但又是自由的、高洁的旅游生活。那时的放流或放逐，实际上是削职为民，逐出京城，并不限制放流者的行踪自由。不同于后来由公差押解至限定的边远、荒凉之地，并限制行动自由出发的"流放""充军"和"发配"。羁游之旅开始于楚国的三闾大夫屈原。

（6）士人之旅。其为文人学士为了各种目的而进行的旅行游览活动，起于先秦。先秦为从政（游记），魏晋为寄情，唐宋为"宦游"即为谋取官职而四处走动寻谋机会。其中"寄情山水""托物言志"是各种"漫游"活动的副产品，就是通过对自然风光、山川景物的游览观赏，赋予山川景物以理想性格，从而寄托自己的志向和情怀。唐代大诗人李白、杜甫为其代表。

（7）科考之旅。"读万卷书，行万里路"是一些专家、学者或矢志求学之士为考证先贤遗著的正误或探索客观世界的奥秘，开创一门新学科而进行的治学与旅游相结合的实践活动。以"行万里路"来补"读万卷书"的不足。司马迁、李时珍、徐霞客、郦道元、顾炎武是其杰出代表。

（8）宗教旅行。其为以朝拜、寻仙、取经、求法、布道为目的的一种古老的旅游活动，从魏晋盛行到唐代形成高潮。有法显、玄奘、鉴真等为代表。

第三节　近代旅游和旅游业的开端

19世纪之后,现代意义的旅游才真正出现。首先是以消遣目的而外出观光、休闲、度假的人数在规模上逐步占了上风,开始超过了以求生存为目的的商务旅行或其他旅行行为。在英文中,"旅游"(tourism)和"旅游者"(tourist)等词汇也于此时首先出现。这些词汇作为一般用语的最初含义同当今旅游研究中的专业用法有所不同,"旅游"一词仅是指因消遣目的而离家外出的旅行和在外逗留活动,"旅游者"则仅是指那些因消遣目的而外出旅行的人。这些词汇在19世纪初出现,其根本原因也是当时的社会经济发展状况使然。

一、近代世界产业革命是旅游业形成和发展的催化剂

产业革命指资本主义机器大工业代替工场手工业的过程,是历史上资本主义政治经济发展的必然产物。它于18世纪60年代首先发生于当时资本主义最发达的英国,到19世纪30年代末,在英国基本完成。美、法、德、日等国的产业革命也都在19世纪内先后完成。这场产业革命既是生产技术的巨大革命,又是生产关系的深刻变革。它促进了资本主义生产力的迅速发展,提高了生产的社会化程度,使资本主义制度建立在机器大工业的物质基础上,并最终战胜封建制度而居于统治地位。产业革命给人类社会带来了一系列的变化,当然也对当时旅游活动的发展产生了重要影响。这些影响主要体现在以下几个方面。

1. 产业革命加速了城市化的进程

产业革命加速了城市化的发展,并且使很多人的工作和生活地点从农村转移到了工业城市。人口的高度集中带来拥挤、嘈杂、紧张、空气污染、脏乱差、心理紧张。这一变化最终会导致人们需要适时逃避城市生活的紧张节奏和拥挤嘈杂的环境压力,产生对回归自然的追求。社会的重心和中心转向城市(发达的美国农业人口只占人口总量的5%~8%)。大量的事实证明,城市居民外出旅游的数量和出游率大大高于乡村居民,时至今日依然如此。因此,工作和生活地点方面的这种变化对产业革命后旅游活动的发展是一重要的刺激因素。所以,现代大都市提出了"回归自然"的口号。

2. 产业革命改变了人们的工作性质

随着大量人口进入城市,原先那种随农时变化而忙闲有致的多样性农业劳动开始为枯燥、重复的单一性大机器工业劳动所取代。用今天的术语讲,这一变化成为促使人们产生旅游动机的重要原因。有张有弛,随季节变化有忙有闲的田园、牧歌式的生活被大工厂枯燥、单一、紧张、重复的大机器生产所代替,是人

们追求休闲、轻松的动因。所以有了假日（礼拜、调休）、带薪假日的要求。

3. 产业革命带来了阶级关系的变化

在产业革命之前，往往只有封建贵族和大土地所有者才有财力和时间参与非经济目的的消遣活动。产业革命造就了工业资产阶级，从而使社会生产的财富不再只流向封建贵族和大土地所有者，也流向了资产阶级，从而扩大了有财力参与外出旅游的人数。世袭的，传统的王公贵族不能独享财富和社会地位，新兴资产阶级跻身上层，参与社会财富和资源的再分配。旅游休闲就不再是王公贵族的专利，大大扩大了旅游休闲消费的总量。

4. 科学技术的进步为大众旅游创造了条件

蒸汽技术在交通运输中的普遍有效的运用，为现代旅游业产生创造了条件（提速、节约成本，使大批量的人员流动成为可能），大众才有可能参加旅游。

二、交通运输是旅游业发展的前提

1769年，詹姆斯·瓦特发明蒸汽机，这一新技术很快就应用于开发和制造新的交通运输工具。18世纪末，以蒸汽机为动力的轮船开始问世。进入19世纪后，蒸汽动力轮船在运输中的应用迅速普及和发展。1807年，美国的"克莱蒙特"号轮船已经在哈德逊河上开始经营定期航班运输业务。此后5年中，欧美两地相继有50余艘蒸汽轮船投入内河航运。1816年，横渡英吉利海峡的客货航运业务首次开始使用蒸汽轮船，并从1820年开始正式开办定期航班轮渡业务。在载至1840年的20年中，英吉利海峡轮渡的客运量平均每年达10万人之多。在远程海运方面，1838年英国"西留斯"号轮船横渡大西洋的成功，意味着欧美之间旅行的时间距离较前大大缩短。

铁路运输的出现对近代旅游活动发展影响最大。1825年，享有"铁路之父"之称的乔治·史蒂文森在英国建造的斯托克顿至达林顿的铁路正式投入运营。此后，各地的铁路建设开始迅速发展。有关资料表明，1835年，全英铁路总长仅为471英里[①]，1845年发展为3 277英里，1855年增至13 411英里，1865年则发展到21 382英里，30年中增长了大约45倍。首例定期客运班次的出现始于1830年英国城市利物浦至曼彻斯特的线路上，但实际上也并非是专门的旅客列车，而是客货混合列车。此后，各铁路公司相继开办客运业务。到1875年，全英铁路运输业的年旅客周转量已超过6亿人次。

在铁路运输问世之前的近两个世纪中，欧美人外出旅行时可供使用的最先进的交通运输工具莫过于公共马车。实际上，公共马车运输的速度和费用都制约着

---

① 1英里=1.609 344千米。

其使用者范围的扩大。铁路客运的出现使人们开始抛弃这类陈旧的旅行方式，越来越多的人开始选择乘坐轮船，特别是选择乘坐火车外出旅行和旅游。

三、托马斯·库克与现代旅游业的诞生

产业革命带来了社会经济的繁荣和交通运输手段的进步，使普通大众有了外出旅游的条件。但是，当时绝大多数人，包括新兴的资产阶级在内，此前都没有外出旅游的传统和经验。他们对异国他乡的情况以及对必要的旅行知识都不大了解，语言以及其他方面的旅行障碍也是人们计划外出旅游时所担心的问题。因此，虽然社会经济和交通条件等方面的有力变化使得希望或有可能外出旅游的人数有了很大的增加，但是其中相当多数的人由于上述情况的制约，实际上未能加入旅游者的行列。

这一情况说明，人们需要社会上有人在这方面为他们提供帮助。特别应该指出的是，社会经济发展到当时的程度，这种需要已不再是为数很少的个别人的需要，而是已经发展成为一种具有社会性的需要。时代催生着一种新的行业的诞生，大众对观光旅游的强大需求需要一种专门的中介行业使其在需求与供给之间实现顺利的对接。这时，现代旅游业之父——英国人托马斯·库克（1808—1892）应运而生。

托马斯·库克敏锐地观察到大众旅游的兴起和需要，决意设立一种新的业务组织去适应和满足这种社会需要，从而开创了旅游经营的先河。

1841年7月5日，托马斯·库克通过包租火车，组织了一次规模很大的团体旅游活动。参加这次旅游活动的人数多达570人。他们从英格兰中部城市莱斯特出发，目的地是12英里之外的洛赫伯勒。此行的目的是去参加禁酒大会的活动，当天晚上返回莱斯特城。这次活动普遍被认为是世界上第一次团体火车旅游，并被认为是近代旅游业开端的标志。这次旅游活动的成功使托马斯·库克有了很大的名气。他在组织旅游活动方面的才华和能力受到世人的认可和称道。在此后的几年中，他每年都应邀为别人组织和安排团体旅游活动，甚至英国王室的夏季旅游安排也曾邀请托马斯·库克去帮助策划。但所有这些活动都一直是他尽义务的"业余活动"。

1845年，托马斯·库克决定开办商业性的旅行社业务，并于当年夏天首次组织团体消遣旅游。这次团体旅游活动从莱斯特出发，最终目的地是利物浦。全程为期一周，参加人数为350人。这次团体旅游活动的组织具有以下一些特点：

其一，这次旅游活动的组织不再是"业余活动"，而是出于纯商业性的营利目的。托马斯·库克从过去组织旅游活动的经历中已经认识到，人们要求参加旅游活动的积极性之高，充分证明旅游需求已经发展到一定的规模，借助这一市场的潜力之大仍然有待发挥。随着铁路和轮船运输的普及，其运输网络所连接地区

将会不断扩大，这为以后组织人们到更远的地区旅游提供了交通条件上的便利。在此需要说明的是，此时托马斯·库克虽然已开始出于营利目的组织旅游活动，但这一工作此时还不是托马斯·库克的主要职业。直到1854年托马斯·库克开始主要经营其旅行社之前，他的主要职业一直是印刷和出版商。

其二，这次旅游活动组织的是过夜旅游。此前托马斯·库克组织的团体旅游都是当日往返的一日游，而这次组织的团体旅游则是在外过夜数天的长途旅游。

其三，这次旅游活动的组织有"专业"性质。在筹备和组织这次活动期间，托马斯·库克做了大量的实地考察工作，以便确定全程的各个停留地点和游览内容，特别是了解该地是否有足够数量的廉价住宿设施。这在当时来说至关重要。由于传统交通运输方式对住宿市场的影响，当时的住宿设施规模都比较小。在各停留地点为300多名旅行团成员妥善安排住处的确不是容易的事情。这为今后旅行社业务提供了经验。

其四，这次旅游活动编写了历史上第一本导游指南。为了让参加这次旅游的人了解全程活动的安排情况，托马斯·库克组织编写了一本《利物浦之行手册》，介绍有关这次活动的出发时间、集合方式、沿途停留的地点、参观和游览的项目、住宿设施安排以及其他有关的活动须知的内容。这是世界上第一本这类内容的旅游指南手册。

其五，这次旅游活动开了导游的先河。在这次全程旅游活动中，托马斯·库克不仅本人担任该旅行团的陪同和导游，在沿经威尔士地区停留参观期间，还聘用了地方导游。这也是组团旅行社聘用地方导游的先例。

因此，这次活动的意义实际上是托马斯·库克此前组织旅游的活动所不能比拟的。如果说托马斯·库克在1841年组织参加禁酒大会的活动为其以后在1865年正式创办"托马斯·库克父子公司"打下了基础，那么，1845年的这次活动则是该公司未来业务的实际演练。

在经营旅游业务的过程中，托马斯·库克还创造出一种代金券。旅游者持此券可在同托马斯·库克旅行社有合同关系的交通运输公司和旅游接待企业中代替现金用于支付，并可用此券在指定的银行兑取现金。托马斯·库克推出的这一代金券便是当今旅行支票的最早雏形，实际上也可以说是最早的旅行支票。这一早期"旅行支票"的推出不仅方便了顾客，增加了外出旅游的安全度，还开创了旅行支票这一金融业务的先河。

1872年，托马斯·库克首创了组织环球旅游的先例。由于这种旅行团前所未有而愈发引人关注，所以在该团的环球旅游过程中，《泰晤士报》以当时最快的速度进行了全程连续追踪报道。在这次环球旅游中，该旅行团到访了中国的上海。

总之，托马斯·库克在组织旅游业务方面的开创精神和托马斯·库克旅行社的成功经营,在世界各地都产生了很大的影响,在世界旅游业发展史中具有重要的地位。托马斯·库克的名字几乎成了旅游的代名词,特别是在欧美社会中,更是家喻户晓,尽人皆知。托马斯·库克的活动说明人们对旅游的需求已经成熟,旅游需求市场已经开始形成。托马斯·库克创办旅行社的活动标志着近代旅游业的诞生。托马斯·库克被誉为旅游业的先驱。

知识归纳

旅游活动是人类社会经济发展到一定程度的产物,一般认为在人类社会进入文明阶段才会产生,从原始社会的迁徙活动发展到商品交易活动,再到阶级社会后开始现非功利性的享乐活动,旅游才算真正的诞生。

四大文明古国是最早的旅游活动的发源地,古代奴隶制经济、政治和文化的发展,为古代旅行和旅游奠定了基础,并在古希腊、古罗马时代达到了全盛时期。同时种类也呈现多样化,包括朝觐旅行、宗教旅行、保健疗养温泉旅行、修学求学旅行等。18 世纪中后期的产业革命给人类社会带来了一系列的变化,为旅游业的诞生准备了条件。近代旅游之父托马斯·库克为旅游业做出了很多贡献,开创了旅游业的很多第一次活动,其中托马斯·库克旅行社的问世标志着近代旅游业的诞生。第二次世界大战以后,经济开始持续稳定地发展,交通稳步改善等,旅游业也得到快速的发展。旅游需求持续稳定的扩大,促进旅游供给不断地增长。同时,各地区之间、国家之间旅游竞争也越来越激烈。

中国古代的旅游活动,主要体现为帝王巡游、官吏宦游、商贾旅行、文人漫游、宗教云游、科学考察旅行、民俗节庆游等形式。中国的近代旅游在旅行社、旅游交通、旅游饭店、旅游资源开发方面有一定的成绩,但在国家沦为半封建半殖民地社会这一特殊的历史背景下,未能全面发展。新中国成立后,中国旅游业产业规模不断扩大,入境旅游、国内旅游、出境旅游三大市场繁荣兴旺。中国已成为世界第四大入境旅游接待国,世界第一大出境旅游消费国,拥有世界最大的国内旅游市场。

复习思考题

1. 比较迁徙、旅行、旅游之间的区别。
2. 为什么说托马斯·库克是旅游业的先驱?
3. 近代世界产业革命对旅游的发展有哪些重要影响?
4. 分析现代旅游发展崛起的原因和背景。

第三章

旅游者

学习目标

1. 了解旅游者、国际旅游者、国内旅游者的概念界定。
2. 掌握旅游者形成的主观条件和客观条件。
3. 了解旅游者的类型、类型划分标准及旅游者的特点。
4. 了解旅游者的旅游动机和需求心理。

旅游是人的活动，人是旅游活动的主体。人的旅游行为从自然的行为——生存、生活驱使，到自觉的行为——追求自由、安乐与享受，进而成为全球规模化的旅游消费市场，就有了经济和产业的意义，并对社会与自然产生了相当大的影响。本章就是要研究构成旅游活动的主体——旅游者的相关知识。

导入案例

2013年4月20日8时2分，在雅安发生了7.0级地震。"一方有难八方支援"，为了让北京爱心人士能身体力行加入到支援雅安的行列中来，在当地旅游局的指导下和北京旅游局、北京文化局的支持下，北京某旅行社联合各地市旅游管理部门、旅游景区等合作单位，于2013年4月30日—6月30日举办主题为"爱心之旅，情系雅安"的大型慈善活动。活动期间，该旅行社推出60条"爱心之旅"线路，让利幅度达10%~40%，在春秋旅游网及春秋各大门店销售。同时，每销售一人，春秋对应捐资 5 元。活动结束后，善款定向捐献给雅安市旅游局，支持灾后旅游重建。围绕此次爱心主题，该旅行社连续推出五波活动。第一波是 4 月 30 日—5 月 1 日在中关村举行"中关村旅游集市春秋专场"，现场市民除了可以享受"爱心之旅"爱心价，还有机会获赠百元爱心券。第二波是 5 月 9—12 日在北京展览中心 D 区展位推出"爱心之旅情系雅安"专场活动。之后还组织了北京旅游首发团、爱心机票义卖、善款捐赠等活动。截至 6 月底，组织出游游客共计三千余人，募集善款三万余元。

讨论：这些出游的旅游者的需求动机是什么？

第一节 旅游者的界定

一般讲，其是指暂时离开常住地到异国他乡旅行的人。研究旅游者，首先接触到的就是旅游者的概念和界定问题，即什么样的人才能称之为旅游者？

对旅游者的定义问题，根据不同的学科背景、不同的研究视角、不同的研究目的、不同的研究主体都会得出不同的结论。如第一章所述，旅游者的定义可以分为两类：一类是概念性定义（conceptual definition），旨在对旅游者概念提供一般性描述。1811 年英文版的《牛津词典》中，第一次出现了旅游者（tourist）一词，其意为"以观光游览为目的的外来旅客"。另外，也有人将旅游者解释为处于一种好奇心，为了得到愉快而进行旅行的人。这种认识比较简单，它未将非消遣性的旅游者包括进去。随着社会的发展，商务旅游、宗教旅行、军事旅行、科学考察旅行等非消遣性旅游的规模逐渐扩大，人们对旅游者也有了新的认识。简单地说，旅游者就是离家外出到异国他乡旅行访问的人。以上这些定义都属于概念性定义。

还有一类就是关于旅游者的技术性定义（technological definition）。这类定义主要是为了满足实际工作的需要，如国家进行旅游统计工作的需要而做出的。与概念性定义比较起来，技术性定义具有较高的可操作性。同时，依照一个为世界各国所共同认可的技术性定义统计出来的旅游数据，也具有更高的国际可比性。基于这一原因，国际联盟（the League of Nations）、联合国（UN）、世界旅游组织（WTO）等国际组织乃至各国的旅游组织从很早就开始了对这一问题的研究，进行了大量的工作。目前，对于国际旅游者的界定，国际上已经基本形成了统一的认识。

一、国际旅游者

1. 国际联盟的规定

1937年，国际联盟的统计专家委员会（Committee of Statistics Experts of the League of Nations）对"国际旅游者"解释如下：国际旅游者指"离开定居国到其他国家访问超过24小时的人"。可列入国际旅游者统计范围的人员包括：

（1）为消遣、家庭事务或健康原因而出国旅行的人；

（2）为出席国际会议或作为公务代表而出国旅行的人（包括科学、行政、外交、宗教、体育等会议或公务）；

（3）为工商业务原因而出国旅行的人；

（4）在海上巡游过程中登岸访问的人员，即使其停留时间不超过24小时，也看做旅游者。

不可列为旅游者的人员包括：

（1）到某国就业某职的人，不管其是否订有合同；

（2）到国外定居者；

（3）到国外学习、寄宿在校的学生；

（4）居住在边境地区、日常跨越国境到邻国工作的人；

（5）临时过境但不作法律意义上停留的人，即使在境内时间超过24小时。

2. 罗马会议的规范

1963年，联合国在罗马举行的国际旅行与旅游会议（又称罗马会议），对上述定义进行了修改和补充，对旅游统计中来访人员的范围作了新的规范。这就是通常所说的界定旅游者的罗马会议定义。具体内容如下：

凡纳入旅游统计中的来访人员统称为"游客"（visitor），指除为获得有报酬的职业外，基于任何目的到一个不是自己长住国家访问的人。

游客又分两大类，一类是在目的地停留过夜的游客，称为"旅游者"（tourist），指到一个国家短期访问至少逗留24小时的游客，其旅行目的可为以下之一：

（1）消遣（包括娱乐、度假、疗养、保健、学习、宗教、体育活动等）；

（2）工商业务、家务、公务出使、出席会议。

另一类是在目的地不停留过夜、当日往返的游客，称为"短程游览者"（excursionist），又称"一日游游客"，指到一个国家做短暂访问，停留时间不足24小时的游客（包括海上巡游中的来访者）。

这一定义不包括那些在法律意义上并未进入所在国的过境旅客（例如未离开机场中转区域的航空旅客）。国际联盟的统计专家委员会界定的不属于旅游者的五种人员继续适用。

这一定义的基本特征是：

第一，将所有纳入旅游统计的人员统称为游客，并具体规定包括消遣和工商事务两种目的的旅游者，从而使得旅游（tourism）和旅行（travel）这两个含义原本不同的术语趋于同化。扩大了旅游者的外延，有利于发展旅游产业。

第二，对游客的界定不是根据其国籍进行的，而是依据其定居国或长住国界定的。

第三，根据其在访问地的停留时间是否超过 24 小时，即是否过夜为标准，将游客划分为旅游者和短程游览者，在旅游统计中分别进行统计。

第四，根据来访者的目的界定其是否应该纳入旅游统计之中。

1967 年，联合国统计委员会召集的专家统计小组采纳了 1963 年罗马会议的定义，并建议各国都采用这一定义。世界旅游者组织（WTO）成立后，也将罗马会议定义作为本组织对应纳入旅游统计人员的解释。因此，在学术界又将其称为世界旅游组织的解释。

3. 我国的规定

随着 1978 年中国对外开放政策的实施，入境旅游发展迅猛，旅游统计工作也纳入政府的工作范畴。1979 年，在我国的旅游统计工作中，国家统计局和国家旅游局曾对应纳入统计范围的人员做过一系列的界定和规定。在我国来华旅游人次统计方面，现行界定如下：

（1）凡纳入我国旅游统计的来华旅游入境人员统称为（来华）海外游客。

（2）海外游客是指来我国大陆观光、度假、探亲访友、就医疗养、购物、参加会议或从事经济、文化、体育、宗教活动的外国人、华侨、港澳台同胞。在这一界定中：

①外国人指属于外国国籍的人，包括加入外国国籍的中国血统的华人；

②华侨指持有中国护照但侨居外国的中国同胞；

③港澳台同胞指居住在我国香港、澳门地区和台湾省的中国同胞。

海外游客是指因上述原因或目的，离开其长住国（或地区）到我国大陆访问，连续停留时间不超过 12 个月，并且在我国大陆活动的主要目的不是通过所从事的活动获取报酬的人。其中，长住国（或地区）是指一个人在近一年的大部分时间所居住的国家（或地区），或者虽然在一个国家（或地区）只居住了较短时间，但在 12 个月内仍将返回的这一国家（或地区）。

按照在我国大陆访问期间停留时间的差别，海外游客分为以下两类：

（1）海外旅游者，即在我国大陆旅游住宿设施内停留至少一夜的海外游客，又称为过夜游客。

(2) 海外一日游游客，即未在我国大陆旅游住宿设施内过夜，而是当日往返的海外游客，又称为不过夜游客。

下列人员不属于海外游客：

(1) 应邀来华访问的政府部长以上官员及随从人员；

(2) 外国驻华使、领馆官员，外交人员及随行的家庭服务人员和受赡养者；

(3) 在我国驻期已达一年以上的外国专家、留学生、记者、商务机构人员等；

(4) 乘坐国际航班过境，不需要通过护照检查进入我国口岸的中转旅客；

(5) 边境地区（因日常工作和生活而出入境）往来的边民；

(6) 回大陆定居的华侨、港澳台同胞；

(7) 已经在我国大陆定居的外国人和原已出境又返回我国大陆定居的外国侨民；

(8) 归国的我国出国人员。

对比前述国际组织对应纳入旅游统计人员的界定和我国对来华海外游客的现行解释，可以看出，除了在各自的表述以及对某些术语的解释有所不同之外（如我国界定的海外旅游者实际将在亲友家过夜的来华旅游者排除于统计范围之外），这些定义及解释的内容都大致相同。世界各国的情况也大都如此。可以说，世界上目前对国际旅游者的界定原则上已经有了统一的认识。

当然，在旅游统计工作中，不同的国家可能会有不同的执行标准。以西班牙为例，西班牙接待的绝大部分旅游者都来自于欧洲，由于交通便利等因素，当日往返的游客在其中占了很大部分，因此在其旅游统计中，采用的标准并非过夜与否，而是以入境为标准。

二、国内旅游者

1. 众说纷纭的概念

与国际旅游者的定义全世界基本趋于认识统一相比，国内旅游者的概念解释更多。世界上不同国家所给出的定义，多是依照本国的理解、按本国的情况给出的，可以说各不相同。

加拿大政府部门对国内旅游者的定义是：指到离开其所居社区边界至少80公里以外的地方去旅行的人。这个定义同美国劳工统计局（USBLS）在其"消费者开支调查"中所使用的旅游者概念基本一致。

美国使用较广的旅游者定义是1978年美国国家旅游资源评审委员会（the National Tourism Resource Review Commission）提出的定义：旅游者指为了出差、消遣、个人事务或者出于工作上下班之外的其他任何原因而离家外出旅行至少

80公里（单程）的人。而不管其是否在外过夜。

世界旅游组织关于国内旅游者的定义，是世界旅游组织在1984年参照国际旅游者的定义做出的，采用的界定标准与国际旅游者的界定标准基本一致。在这一定义中，与国际旅客的划分类似，国内游客也被区分为国内旅游者（domestic tourists）和国内短程游览者（domestic excursionists）。国内旅游者指在其居住国国内旅行超过24小时，但不足一年的人，其目的可以为消遣、度假、体育、商务、公务、会议、疗养、学习和宗教等。此后又补充规定，国内旅游者不包括那些外出就业的人。国内短程游览者指基于任何以上目的在访问地逗留不足24小时的人。

虽然有这样一个参考，各国在进行统计时，采用的界定标准及解释仍然存在较大区别。目前这一区别主要在于，区分国内旅游者所采用的是时间标准还是距离标准。北美的加拿大和美国以出行距离为标准衡量其是否属于国内旅游者。而在其国内，不同的部门采用的标准也有不同。美国旅游数据资料中心和美国调查统计局（US Travel Data Center and the US Bureau of the Census）用的标准也是80公里，并规定下列人员不能列为旅游者：

（1）火车、飞机、货运卡车、长途汽车和船舶的驾驶及乘务人员的工作旅行；

（2）因上下班而往返于某地的旅行；

（3）学生上学或放学的日常旅行。

而在阿拉斯加州，"旅游者是指以娱乐或文化而非其他目的到阿拉斯加旅行的非当地居民"；在内华达州，"旅游者指不论其目的如何，访问本州或途径本州在某处逗留的非内华达州居民。"其他州的定义还有不同。但是这些定义有一个共同点，即都不考虑是否在外过夜。

以英国为代表的一些欧洲国家采用的标准则是旅游者在异地逗留的时间。英格兰旅游局在其进行的英国旅游调查（British Tourism Survey）中规定，国内旅游者指基于上下班以外的任何原因，离开居住地外出旅行过夜至少一次的人，对外出旅行的距离未做规定。法国旅游总署对国内旅游者的定义则是，基于消遣、健康、会议、商务或修学目的，离开其主要居所外出旅行超过24小时但不足4个月的人。

考察以上各种定义方法，主要是为了分析比较旅游者外出旅游形成的经济影响。对于国内旅游而言，其经济影响主要发生在居住地以外的地区才有计量的意义。以外出旅行的里程作为区分的标准，虽然一般而言80公里（50英里）的单程已经到达其日常居住的社区或城市之外，但是，对于居住在行政区划的边缘地带的人而言其可能无须达到80公里的标准便可以到达其他行政区域，并完成其旅游活动，而在以这样的标准进行统计时，这类人员难免会被排除在外。这是这种方法不足的地方。而以外出时间或是否在外过夜为标准进行划分，则基本上可以比较全面地反映真实情况。因为它虽然没有涉及外出距离，但是一般而言，在外过夜的旅游者，其外出距离应该已经足够远，到达其日常居住区域以外的地区。就此而论，以是否在外过夜为标准进行划分，显然也有其合理的地方。

问题是，以是否在外过夜为标准进行划分，显然将当日往返的一日游游客排斥于旅游统计的范围之外。而无论是对于整个国家还是对于某些地区来说，一日游游客都可能是十分重要的市场。

实际上，国际旅游者与国内旅游者，除了是否跨越国界，并没有本质的不同。因此，在国内旅游者的界定方面，采用与国际旅游者的统计标准相一致的标准，是一种较为理想的做法，同时也便于人们就国内旅游的发展情况进行国际或地区间的比较。世界旅游组织给出的定义便是采用的这类标准。

虽然如此，各国在进行统计时，采用的界定标准仍然各行其是，未有多大改观。不过，在概念性定义上，对旅游者的认识并未有大的差异。可以说，无论是国际还是国内旅游者，都是出于就业和移民以外的任何原因，暂时离开常住地到异乡访问的人。

2. 我国的规定

我国的国内旅游统计中，旅游者指任何因休闲、娱乐、观光、度假、探亲访友、就医疗养、购物、参加会议或从事经济、文化、体育、宗教活动而离开长住地到我国境内其他地方访问，连续停留时间不超过6个月，并且访问的主要目的不是通过所从事的活动获取报酬的人。在这一定义中，所谓长住地指的是在近一年的大部分时间内所居住的城镇（乡村），或者虽然在这一城镇（乡村）只居住了较短时间，但在12个月内仍将返回这一城镇（乡村）。

国内游客分以下两类：

（1）国内旅游者，指我国大陆居民离开长住地，在我国境内其他地方的旅游住宿设施内停留至少一夜，最长不超过6个月的国内游客。

（2）国内一日游游客，指我国大陆居民离开长住地10公里以外，出游时间超过6小时但又不足24小时，并未在我国境内其他地方的旅游住宿设施内过夜的国内游客。

下列人员不属于国内游客：

（1）到各地巡视工作的部级以上领导；

（2）驻外地办事机构的临时工作人员；

（3）调遣的武装人员；

（4）到外地学习的学生；

(5) 到基层锻炼的干部；
(6) 到其他地区定居的人员；
(7) 无固定居住地的无业游民。

我国对国内游客的定义和世界旅游组织的定义基本一致，但是与我国对国际旅游统计方面所做的统计并未将在亲友家过夜的国内旅游者包括进去。所以，我国关于国内游客人次的统计数字可能低于实际规模。

第二节 旅游者形成的客观条件

旅游活动是人类社会发展到一定阶段的产物。尤其是今天，以休闲、消遣为目的的旅游者，除了出游的主观需要之外，还必须具备诸多客观条件的限制。换言之，一个人还必须具备一定的客观条件，才有可能外出进行旅游活动。

加法利教授将日常生活和工作称作普通的、世俗的世界，而不受日常工作约束在异地旅游被称作新奇和充满活力的神圣世界。因此，旅游又被比喻为"朝圣历程"。为什么称为"朝圣历程"？因为它是未知的、神秘的、令人向往也应该是感受深切的一段人生的特殊经历。旅游者离开长住地外出旅行，在目的地逗留后返回长住地，在这一段时间内进行的旅游活动，具有异地性和非就业性，因此，可以说旅游活动的实现集中表现为旅游者金钱的耗费和对时间的占用。就这一意义而言，一个人要想实现旅游活动，必须具备两个基本的客观条件：足够的可用于旅游的收入和时间，也就是俗语所言的"有钱又有闲"。旅游的发展史也告诉我们，"二战"后现代旅游的快速发展，与当时的社会经济迅速发展有关；国际性大众旅游在西欧和北美国家首先兴起，与其国家收入水平的提高和带薪假期的增加也是分不开的。具体到本章讨论的旅游者的个人层面，决定一个人能否成为旅游者的两个最重要的客观条件就是其支付能力和闲暇时间，这也是其能否实现旅游活动的客观条件和决定因素。

一、收入水平

家庭收入达到一定的水平是实现旅游的前提之一，是实现旅游的重要物质基础。首先，一个人能不能成为旅游者，一个人的旅游消费水平是高还是低，消费结构处于什么样的状况，取决于他的支付能力的高低。而旅游支付能力又与其收入水平，尤其是可自由支配收入直接相关。

1. 可自由支配收入

个人或家庭的可自由支配收入可以说是旅游支付能力的前提条件。与之相关的概念是可支配收入（disposable income）。可支配收入指个人或家庭的总收入扣除全部纳税后的部分。可自由支配收入，或者说可随意支配收入（discretionary income）指的是个人或家庭的总收入扣除全部纳税、社会保障性消费（人寿保险、退休金、失业补贴的预支等）以及日常生活所必需的消费部分（衣、食、住、行）之后余下的部分。一个家庭的收入首先需要支付的是必需的生活基本消费。在其收入尚不足以支付这一部分的消费时，外出旅游的可能性是很小的。而当一个家庭的收入超过了这一临界点，用于旅游的消费就可能增加。当然，这一临界点在不同的国家也不相同。在20世纪80年代的美国，这一临界点收入大约为15 000美元，年收入在15 000美元以上的家庭外出旅游的可能性比年收入低于这一水平的家庭大两倍；年收入在25 000美元以上的家庭外出旅游的更多，大约为年收入低于这一水平家庭的5倍。也正因此，关于家庭或个人可自由支配收入的统计数据，在进行市场分析和预测时是十分重要的指标之一。

由于时代的差异、国情的区别、地区的不同，对临界点的认定各有不同。根据我国的实情，曾经有人用通俗的语言阐释农民的小康生活，"吃有肉，穿有绸，住有楼，还有余钱去旅游"。这里说的余钱就是"可自由支配的收入"。

2. 收入水平对消费行为的影响

（1）收入水平影响着消费水平。同时，收入水平还决定着家庭或个人外出旅游时的消费水平。显然，具有较高收入水平的人，外出旅游的消费水平也会比低收入水平的人高。收入水平这一因素的重要性还在于，当一个家庭的收入水平超过了上面所指的收入临界点后，每增加一定比例的收入，旅游消费就会以更大的比例增加。根据英国有关部门的估计，旅游消费的收入弹性系数为1.5，也就是说，收入每增加一个百分点，旅游消费就会增加1.5个百分点。国际官方旅游组织联盟（世界旅游组织的前身）也曾估计，这一系数为1.88。这也意味着旅游消费水平会随着收入水平的提高而变化。

（2）收入水平影响着消费结构。此外，收入水平还会影响到人们外出旅游消费的结构。在一个家庭的日常消费中，随着其收入水平的提高，在食品上的消费比例会逐渐降低。旅游消费中情况也与此类似。不同的是，外出旅游时必须首先支付的是交通费用。因此，富裕的家庭在外出旅游时，会在食宿游购娱方面花费较多，从而使得交通费用在总消费中的比例降低。而在收入水平较低家庭的外出旅游消费结构中，交通费用所占的比例通常较大。收入与旅游消费支出不是简单的正比例关系，而是"结构性"的增长。

总之，旅游支付能力的高低，取决于收入水平，尤其是可自由支配收入水平。收入水平的高低，影响着旅游活动能否实现，影响着外出旅游时的消费水平及消费结构，也影响着对旅游目的地和旅行方式的选择，等等。所以，可自由支配收入水平是决定个人旅游消费的重要经济因素。

二、闲暇时间

美国的杰弗瑞·戈比提出，工业化使工作变得更加有秩序，而时间便是安排这一秩序的工具。因而对大部分人来说，生活中工作之余的部分时间便成了自由时间；它就像是一个空箱子，单凭典型的农民生活中的旧式游戏和礼拜活动是无法填满这个空箱子的。

拥有足够的支付能力，只是决定人们能够外出旅游的经济方面的因素。事实上，即使是在公民出游率很高的国家，也有一些人即使收入水平相当高，也未必能够实现外出旅游。原因是多方面的，其中一个就是其还未满足前文所提到的另一个客观条件，即有足够的闲暇时间。

1. 闲暇时间

闲暇时间也称自由时间或可随意支配时间。了解闲暇时间，首先要从人生时间的构成谈起。一般认为，一个人的人生时间由以下几部分时间构成：

（1）法定的就业工作时间。例如我国目前实行的每周五天、每天 8 小时的工作制。

（2）必需的附加工作时间。例如必要的加班加点、必要的第二职业等。

（3）用于满足生理需要的生活时间。例如用于吃饭、睡觉、家务等的时间。

（4）必需的社会活动时间。例如出席必要的社交场合、参加必要的社会活动等的时间。

（5）闲暇时间。即所有时间扣除以上各部分后的剩余部分。

也有人将前述（1）和（2）部分的时间合称为谋生需要的时间。不管如何称呼，总的说来，我们可以将人生的所有时间划分为工作时间和非工作时间。如果把人在这些时间内的活动划分为必需的限制性活动和随意的活动两类，并与时间的划分放在一起进行对比的话，可以得到如下关系（见表 3.1）：

表 3.1 活动与时间的关系

时间 \ 活动	限制性活动	自由活动
工作时间	法定就业时间里的劳动，附加劳动	工间休息
非工作时间	生理生存活动，必需的社会活动	休闲活动

从表 3.1 可以看出，一个人消遣性的活动占用的时间并非所有的非工作时间，而仅仅是其中的一部分。这也说明了，闲暇时间并非通常所说的"8 小时以外的时间"，而是指可由人随意支配的，用于任何目的，从事任何想要从事的活动的时间。可以说，闲暇时间就是在日常工作、生活、学习及其他必需的时间之

外，可以自由支配，从事消遣娱乐或自己乐于从事的其他任何事情的时间。

2. 闲暇时间的构成

当然，也并非所有的闲暇时间都可以用来旅游。这与闲暇时间分布的集中程度有关：

（1）每日余暇。顾名思义，即在每日的工作及生活等必需时间之外的部分。这部分时间很零散，基本上不可能用来作为旅游时间，只可以用来进行一般的娱乐和休息。

（2）每周余暇。即周末公休时间。我国已实行每周5天工作制，周末公休时间有2天。这为我国公民趁周末时间外出旅游创造了必要的时间条件。目前全世界大多数国家都实行了5天工作制。在有的国家，如美国，有的法案还规定，每年有4次为期3天的周末假日。这段较为集中的闲暇时间就可以用来外出作短途的旅游度假。

（3）公共假日。即通常所说的节假日。由于各国不同的历史文化和宗教信仰方面的原因，其传统节日的分布状况也有所不同。西方国家比较重要的公共假日是复活节和圣诞节。我国的公共节假日包括元旦、春节、五一劳动节和国庆节。国家通过政府调控，使前述几个公共假日与前后周末组合在一块，组成旅游的"黄金周"，往往会成为家庭外出旅游的高峰时期。

（4）带薪假期。目前经济发达的工业化国家当中大都规定对就业人员实行带薪休假制度，这是产业革命完成后工人阶级不断斗争争取的结果。法国1936年第一个以立法形式规定就业人员每年享有至少6天的带薪假期。现在，世界上很多国家都实行了带薪休假制度，但各国实行带薪假期的情况各有不同。例如，在瑞典，每年有5～8周的带薪假期，而在美国，一般为2～4周，西欧国家平均每年4周。在我国，教育部门每年的寒暑假10周，离家在外的单身职工和夫妻分居职工的探亲假每年有3～4周，已婚职工4年一次探亲假，先进人物有不定期的旅游假期作为奖励，等等。带薪假期时间长而且集中，是人们借以外出旅游的最佳时机。

三、其他影响因素

一定的支付能力和足够的闲暇时间是实现旅游活动的两个最重要的客观条件，但是并非全部条件。事实上，一个人能否外出旅游，还要受到其他客观因素的影响和制约。这些因素可分为两类。

1. 社会因素

科技发展水平。众所周知，交通运输技术的发展极大地缩短了旅行，特别是长途旅行的时空距离，从而使得更多的人可以在闲暇时外出旅游，因此在一定程度上推动了现代旅游快速发展。而社会的科技发展水平，在某种程度上也决定了人们在一定时期内旅游的极限范围。举一个比较极端的例子，太空旅行是许多人的梦想，但是由于技术等因素的限制，真正能够实现这一梦想的人到目前为止是极少数的。社会政治方面的因素也会影响到旅游活动的实现。政府的外交政策和外交状况如何，往往可以决定出境旅游的可能性。政府对待旅游的态度，是鼓励其发展并提供尽可能的方便，还是提倡甚至限制，以及一国或地区的政局是动荡不安还是和平稳定，都可以成为影响旅游活动的因素。类似的因素还有很多，由于并非本章讨论的重点，在此不一一列举。

2. 个人因素

人口统计因素，如年龄、性别、种族、教育程度等都可能影响到一个人的旅游活动的实现，但具体分析起来，其中两个因素是特别重要的。

首先，是一个人的身体状况。参阅我国历年来的旅游统计年鉴可以发现，每一时期的来华入境旅游者中，处于 20~45 岁这一年龄段的人在旅游者的总数中为最多。而就一般意义而言，老年人，特别是 65 岁以上的老年人在外出旅游者中所占的比例则不高。但是实际上，年龄并非造成这一情况的根本原因。老年人外出旅游比例偏小的真正原因之一是伴随年龄而来的身体状况问题。许多老年人是由于体力不支或行动不便，才不能参加旅游活动的，这才是实质的影响因素。而年轻人年富力强，身体状况良好，当然没有这一方面的限制。值得注意的是，随着人们生活水平的提高，医疗和保健技术的发展，人类平均寿命也在增长。当今老年人的身体能力状况与二三十年前的处于同一年龄段的老年人相比，已经有了显著的提高。进入 20 世纪 90 年代后，老年人参加旅游活动的比例不断增长，已经形成了旅游业中令人瞩目的重要的市场组成部分，这一点就是证明。

其次，一个人的家庭状况也是主要的个人方面的影响因素。很多调查情况表明，家中有 4 岁以下婴儿的家庭外出旅游的可能性很小。这一方面是由于婴幼儿需要特别的照顾，比较麻烦。另一方面也是因为外出旅行时，不容易找到适合婴儿生活所需要的特殊接待设施。因此，一个人所处的生命周期阶段或者说一个人所处的家庭人口状况构成了影响其旅游需求的客观因素之一。

综上所述，一个人的身体能力状况和家庭状况，以及收入水平和闲暇时间一起构成了影响旅游需求的个人方面的客观因素。当然，如果从它们在促成一个人成为旅游者所起的作用来看，这几个因素又是相互联系，相互作用，缺一不可的。

最后需要说明的是，同国内外旅游研究领域内的普遍做法一样，本节主要对决定个人旅游需求的有关客观因素进行讨论，针对的是非差旅型旅游需求。至于以商务旅游为代表的各种差旅型的事务旅游，从根本上是由于工作需要而导致的活动，因此这种性质的旅游需求与上述决定因素之间不存在必然的联系。

第三节 旅游者形成的主观条件

从哲学的观点来看，外因是通过内因起作用的。任何事物的变化，内因都是起决定性作用的。所以，如果一个人主观上没有旅游的动机和愿望，即使具备上述客观条件，也不可能成为旅游者。因此，本节主要就实现旅游活动所必须具备的主观条件展开讨论。而这一主观条件，指的就是旅游需要推动的旅游动机。

一、旅游需要

1. 旅游是高层次的文化需要

旅游需要是旅游者出游的内驱动力。需要分为生理的和心理的需要，也可说是物质的和精神的。旅游属于心理的、精神的。生理上的需要主要表现在人们对维持生理平衡状态所产生的欲望和要求。这种需要是先天的，是自然的需要。比如肚子饿了要吃饭，冷了要添衣。生理的需要只需要直接的满足。而心理上，精神上的需要则是维持人们认知、感情、意识等方面平衡的产物。它是后天的，可以通过人的素质提高而改变，它所引起的需要也可以通过补偿和代替的方式获得间接的满足。如友谊可以抚慰心灵的创伤，看电视可以宣泄心理的郁闷，旅游可以缓解精神的压力等。

旅游是高层次的精神文化需要，是超脱一般生理需要的高级需求形式，是社会发展到现代文明阶段的产物。原始人和从前很传统的人只有在极端情况的驱使下才离开自己的出生地。然而现代人对自身环境的依附已有了很大的松动，他更愿意改变环境，尤其是暂时性的，并且有更强的能力去适应新环境。他对新鲜的事物、景观、习俗和文化很感兴趣，而这只是因为它们与他熟知的一切截然不同。逐渐地，一个新价值观形成了：即崇尚新奇的经历。这种经历使今天的人们感到兴奋、愉快、满足，而过去它只能引起人们的恐慌。

旅游所满足的需要属于心理需要的范畴。只有社会的文化水平在精神和物质方面提高到一定档次后，才能为人们创造出生活富裕、时间充裕和信息发达的旅游条件，旅游才能真正以需要的形式在人们的心理上成为一种追求的对象。

2. 最适刺激理论

西方学者在解释旅游动机时采用一种新的旅游需要学说——最适刺激理论。这种理论认为，人有追求单一性和复杂性的需要。

单一性需要，即人们需求平衡、和谐、无冲突、可预见的需要。心理上缺乏单一性会引起心理上的不安全感。但过分单一性，又会使人感到厌倦乏味。

复杂性需要,指人们需要新奇、出乎意料、变化与不可预见性(刺激、新奇),但过分复杂会使人感到不安。

总之,人们在单一性中寻找复杂性,复杂性过多又用单一性来平衡。旅游活动的自由自在的状态,旅途中丰富的内容和活跃的形式是纠正日常生活单一性与复杂性失衡的良药。这从另一角度说明了,旅游的需要属于精神文化的范畴。

二、旅游动机

当一个人产生旅游需要时,旅游动机就推动他为实现旅游需要满足的心理指向。动机是一个心理学名词,指的是促进和维持人的活动,并促使活动指向一定目的的心理倾向。通俗地讲,动机就是激励人们行动的主观因素。因此,简单地说,旅游动机指的是促发一个人有意于旅游以及确定到何处去、做何种旅游的内在驱动力。

1. 动机与需要

人本主义心理学认为,动机产生于人的某种需要,这种需要使人的心理产生紧张不安,从而产生内在驱动力,即动机,进而确定行动目标,进行行动,使需要得到满足;紧张解除,然后进入下一个行为。不同的需要产生不同的动机。因此,研究人的动机,必须首先研究人的需要,旅游动机也是如此。促发旅游动机产生的精神需要,主要有以下两种。

其一,探新求异的需要,或者说好奇心的需要。早在18世纪,以教育为目的的修学旅行即在欧洲流行。人们普遍认为,旅行可以增加一个人对异乡事物的了解并开阔眼界。而在现代,这一需要仍然在旅游中占重要地位。人们渴望到异国他乡体验与日常居住和生活的环境不同的乡土人情、事物风光、地方文化传统和习俗,这种情况逐渐在社会中形成了一种新的价值观念,即喜欢探索并赞赏探索。尤其是随着教育的发展和信息技术的进步,人们愈加了解世界上的其他地区,这就更加促使人们渴望亲自到那些地方旅行游览,以满足自己的好奇心和求知欲,而非单纯地依靠书报图片或他人的介绍等间接手段。大众旅游的发展实践也证明,相当大一部分旅游者的动机中都有这种探新求异的需要。

其二,逃避现实的需要。19世纪的产业革命带来了城市化和工业化,带来了人们生活工作环境和方式的巨大改变,也使得旅游有了突破性的发展。尤其是在高度城市化和工业化的社会,由于人们的生活环境远离自然,喧嚣而沉闷,工作繁忙又单调重复,公式化而缺乏灵活变化,加上越来越快的生活节奏不断加大着人们的精神压力,使人在精神上产生了一种单调的紧张和疲倦。为了摆脱这种生活带来的身心紧张和疲倦,人们常常需要暂时性地脱离日常环境和生活节奏,逃避这种现实。旅游就是暂时躲避现实的一种很有效的方式。在外旅游期间，人们摆脱了日常身份的束缚，新奇的环境又带来了新的刺激，舒缓着原来紧绷的神经，从而可以有效地缓解人们的紧张和压力。随着旅游活动的日益普及，越来越多的人把旅游看做从日常喧哗紧张的生活中解脱出来，消除紧张的一种手段。

概要而言，人们外出消遣或度假旅游主要是为了满足这两种精神上的需要。

2. 旅游动机的基本类型

精神需要是旅游活动产生的主观条件。它可以以各种不同的具体的方式反映出来。这类具体需要可能是为了扩大视野，开阔眼界；也可能是为了接触和了解异国他乡的民族与风俗；也可能是为了探亲访友；也可能是为了消遣度假，等等。一旦这些需要被人们认识到，就会以动机的形式表现出来。但是，不同的需要产生不同的动机，即使相同的需要也可能因为人的民族、性别、年龄、职业和文化程度等因素的影响而以不同的动机表现出来。因此，促使人们外出旅游的直接旅游动机也是多种多样的。历史上曾经有过帝王巡游、商人旅行、为健康目的而进行的旅行以及修学等多种旅游形式。在现代，由于旅游的参加者范围更加广泛，动机的类型也更加多样化。美国学者教授托马斯曾提出促使人们外出旅游的18种动机。而美国著名的旅游学教授罗伯特·W·麦金托什则提出，因具体需要而产生的旅游动机可划分为下列 4 种基本类型：

（1）身体方面的动机。包括为了调节生活规律，促进健康而进行的度假休息、体育活动、海滩消遣、娱乐活动，以及其他直接与保健有关的活动。此外，还包括遵医嘱或建议做异地疗法、洗温泉浴、矿泉、作医疗检查以及类似的疗养活动。属于这方面的动机都有一个共同特点，即通过与身体有关的活动来消除紧张。

（2）文化方面的动机。人们为了认识、了解自己生活环境和知识范围以外的事物而产生的动机，其最大的特点是希望了解异国他乡的情况，包括了解其音乐、艺术、民俗、舞蹈、绘画及宗教等。

（3）人际（社会交往）方面的动机。人们通过各种形式的社会交往，保持与社会的接触，包括希望接触他乡人民、探亲访友、逃避日常的琐事及惯常的社会环境、结交新友等。

（4）地位和声望方面的动机。这方面的动机主要与个人成就和个人发展的需要有关。属于这类动机的旅游包括事务、会议、考察研究、追求业余爱好以及求学等类型的旅游。旅游者可以通过旅游实现自己受人尊重、引人注意、被人赏识、获得好声明的愿望。

事实上，由于人的旅游是一种综合性的活动，能够满足人们多方面的需要，而人们外出旅游时，也很少说是出于一个方面的动机。因此，人们的旅游往往是多种动机共同作用的结果，只是有时是某一动机为主导动机，其他为辅助动机，而有时则是有的动机被意识到了，而有的动机未被意识到而已。但是，不管如何，旅游动机是人们对认识到的旅游需要的表现形式，并直接指向旅游活动。人的需要的形式是多种因素共同作用的结果，由于外因总是通过内因起作用的，因此，人们不同动机的形式从根本上说是个人方面的因素影响的结果。

3. 影响旅游动机的因素

影响旅游动机的因素是十分复杂的，既有个人的因素，也有环境的因素；既有社会的因素，也有文化的因素。

（1）个人因素。

在影响旅游动机的个人方面的因素中，个性心理特征起着重要的作用。不同个性心理特征的人有着不同的旅游动机，进而产生不同的旅游行为。在这一领域的研究中，美国的心理学家坦利·C·帕洛格的研究较有代表性。

帕洛格以数千美国人为调查样本，对他们的个性心理特点进行了详细的研究，发现人们可以被分为自我中心型、近自我中心型、中间型、近多中心型等五种心理类型。

自我中心型和多中心型代表处于两端的两种对立的性格。心理类型属于自我中心型的人，其特点是思想谨小慎微，多忧多虑，不爱冒险。他最强烈的旅游动机是休息和轻松。在行为表现上，这一类型的人喜安逸，好轻松，活动量少，喜欢熟悉的气氛和活动，理想的旅游是一切都事先安排好的，比较欣赏团体旅游的方式，旅游的习惯做法是乘车到他所熟悉的旅游地。处于另一端的属多中心型的人，特点是思想开朗，兴趣广泛多变。行为表现上为喜新奇，好冒险，活动量大，不愿随大流，喜欢与不同文化背景的人相处，喜欢到那些偏僻的、不为人知的旅游地体验全新的经历，喜欢飞往目的地。这类人虽然也需要旅游业为其提供某些基本的旅游服务，如交通和住宿，但是更乐于有较大的自主性和灵活性，有些人甚至会尽量不使用或少使用旅游企业的服务和产品。除了这两个极端类型外，中间型属于表现不明显的混合型，近自我中心和近多中心行则分别属于两个极端类型和中间型中间略倾向于各极端特点的过度类型。

帕洛格的这一模型，虽然大体将人按个性心理特征划分为这五种类型，但是划分并非绝对。他也肯定了人在心理上存在着某种连续性，表现在行为上就是人的行为具有明显的弹性或灵活性。

这一模型也显示，属于中间型心理类型的人占大多数，而属于两个极端心理类型的人在总人口中只占很小的比例，呈两头小中间大的正态分布。

不同的心理类型对人们旅游活动的影响，除了前面提到的那些，也可以看出，越靠近多中心型的人，外出旅游的可能性就越大。帕洛格还发现，不同心理类型的旅游者，在旅游活动中扮演的角色也不同。多中心型心理类型的人往往是新旅游地的发现者和开拓者，是旅游者大军的先行者和侦察兵。其他心理类型的旅游者随后陆续跟进，自我中心型的人也会在很长时间后到追求新奇的多中心型人格的人曾经到过的地方旅游。在这一过程中，该地渐成旅游热点。此时，多中心型的旅游者也逐渐失去对该地的兴趣，而转向其他地区。

但是，个性心理因素只是影响旅游动机的个人因素中的一个。除此之外，还有很多个人因素会影响人们旅游动机的形成。这些个人因素主要有：年龄、性别、个人的文化程度与修养。年龄和性别决定着一个人的生理特点，也影响着一个人在社会和家庭中的角色和地位，在考虑进行旅游时，这些必然会影响到其旅游决策。个人的文化程度与修养显然与一个人的受教育程度有关。受过较高程度教育的人，掌握的知识和关于外界的信息也相对较多，从而更有亲自了解外部世界的兴趣和热情，同时，也有助于克服对陌生环境的不安和恐惧。

(2) 社会因素。

除了旅游者的个人因素，某些外部因素，如社会历史条件、社会环境条件（即个人所属的社会团体及阶层、周围的人际关系等）、家庭或个人的收入状况等也会对人的旅游动机产生或大或小，或正或负的影响。对于经济收入较低的人而言，即使他属于多中心型，喜欢到遥远的、新奇而又不常为世人所至的地方旅行，但是受到其支付能力的限制，也只好在比较近的、花费较低、可能也不会有什么新意的旅游地进行消遣。对一个自我中心型的人而言，情况则可能正好相反。如果他所属群体中的大部分人都要去某地进行某种旅游活动，那么，受到相关群体的影响，他也可能到这个他并不熟悉的地方旅行度假。

社会因素主要是指人们是一定的社会阶层、社会集团中所处的地位与角色。一般而言，处于较高的社会阶层的人，更加开放和自信，愿意接受外界的新鲜事物，对旅游持积极的态度。而处于较低社会阶层的人，一般相对封闭，不愿意冒险，并且往往认为外部世界比较凶险，不愿意更多地参加旅游活动。

(3) 文化因素。

文化因素主要民族风俗以及宗教等方面的内容。

①民族风俗。一般而言，欧美国家的人把度假、娱乐作为文化生活中的重要组成部分，他们往往爱好四处周游、探险、欣赏异域文化。而一些发展中国家的人，则崇尚勤劳、节俭、乡情浓郁、故土难离，甚至有的人视旅游为游手好闲、浪费钱财。

②宗教。主要是指不同的宗教有不同的价值观和行为准则，从而导致不同的消费模式。如伊斯兰教的教规规定每一个有能力的穆斯林平生都要做一次长途旅行，到麦加去朝觐，佛教的教徒则希望到各佛教圣地去拜佛、还愿等。

上一节关于实现旅游活动的客观条件，如支付能力和闲暇时间等，以及本节所讨论的实现旅游活动的主观条件，即旅游动机，共同影响着一个人的旅游决策和旅游活动。一个人只有同时具备这两个方面的条件，才能外出旅行。而一个人的旅行方式和旅行消费，也始终要受到这两方面因素的影响和制约。从这一角度而言，这两方面的条件也是限制因素，它们构成了一个人的外出障碍。只有这些障碍得到克服，一个人才能真正出行。了解这一点对于旅游业而言是很重要的。客观条件满足与否，是细分市场以及选择目标市场时需要重点考虑的因素，而了解了旅游者旅游动机的类型及希望获得满足的需要，就可以更有针对性地进行规划和开发，并在宣传和促销时找准诉求点，更有效地激发起人们的兴趣，促使其产生旅游动机，大大提高工作效率。

第四节　旅游者的类型及其特点

将旅游者按照不同的标准进行分类，是旅游研究的重要手段之一，也是旅游开发、营销、经营工作的重要一环。本节主要就旅游者类型划分的问题进行讨论，并重点分析按旅游目的归属划分的三种旅游者类型的不同需求特点。

一、旅游者类型划分的标准和意义

旅游者是旅游活动的主体。有什么样的旅游活动，就有什么样的旅游者。因此，同旅游活动的划分一样，旅游者的类型划分也没有固定的标准，我们可以根据实际需要选择不同的划分方法。对旅游者作类型划分的意义主要在于：

第一，理论研究需要。实现旅游活动的客观条件和主观条件，或者说影响旅游活动的客观因素和主观因素，影响着旅游者的类型和特征。我们研究旅游者，就需要研究旅游者形成的条件。对旅游者的分类，就是研究不同旅游者形成的各种因素和条件，以此为标准将旅游者划分为不同的类别，对比各细类之间的行为方式、特点等。

第二，实际工作需要。对于一个旅游地而言，来访的旅游者在全国乃至世界各地并非平均分布，而是有客源地和非客源地之分、主要的客源地和次要的客源地之分。因此，在进行宣传促销时，不可能也没必要针对所有的客源地区平均分配资金和人力资源的投入，进行千篇一律的宣传，而要有重点地针对主要客源地或潜在的客源地进行宣传。那么，如何确定主要客源地？这就需要根据旅游者来自地区的不同，进行分类统计，对比找出对自己最有利的客源市场，而且，也可以根据各类型需要、兴趣的不同，有针对性地开展宣传活动。这样，才能够收到最理想的效果，而不至于无的放矢，空耗资源。

根据第一章旅游活动类型的划分可以看出，按照不同的划分标准区分出的旅游者类型，彼此之间都互有交叉。因此，在实际工作中，有时也可以根据需要，采用两种及以上的标准对旅游者进行划分。需要清楚的是，划分旅游者类型应该是出于实际工作需要进行的，并非为了划分而划分，类型划分只是为一定的研究目的服务的手段。

下面，我们先看一下世界旅游组织对旅行者所作的分类。世界旅游组织首先把旅游者分为纳入旅游统计者，即游客，和不纳入旅游统计的其他旅行者两部分。将游客根据是否过夜分为旅游者和一日游游客。这两类又根据是否是本地区居民区分为居民和非居民两类。具体如表3.2所示，有关定义参看第一节。

表3.2 旅行者分类

$$\text{旅行者} \begin{cases} \text{纳入旅游统计者（游客）} \begin{cases} \text{过夜旅游者} \\ \text{一日游游客} \end{cases} \\ \text{不纳入旅游统计者} \end{cases}$$

来访者的目的可以分为以下几个类型：
（1）休闲、娱乐和度假；
（2）探亲和访友；
（3）商务和专业活动；
（4）保健；
（5）宗教活动或朝觐；
（6）其他（公共运输工具上的乘务人员，过境或其他，或未知的活动）。

二、划分旅游者的基本类型

按外出旅游的目的归属划分，可以把旅游者分为以下三种类型：
（1）消遣型旅游者，即以消遣为主要目的的旅游者；
（2）事务型旅游者，包括商务旅游者、公务旅游者和会议旅游者；
（3）个人和家庭事务型旅游者，主要指探亲访友旅游者和求学旅游者。

三、不同类型旅游者的基本特点

1. 消遣型旅游者的特点

消遣型旅游者具有以下特点：

（1）人数多，比例大。消遣型旅游者在全部外出旅游人数中所占的比例最大。现代旅游，或者说大众旅游，是旅游活动快速发展的原因之一。旅游度假已经成为人们生活的必要组成部分，人们借此缓解紧张的生活和工作带来的压力，并满足自己的好奇心和求知欲。因此，不难设想以消遣为目的的这类型旅游者在

（2）季节性强。消遣型旅游者外出旅游的季节性很强。原因有两方面：从需求角度讲，因为旅游者中大多数属于在职人员，他们的旅游度假几乎都是借助带薪假期实现的。带薪假期的集中造成了出游时期的集中，也就形成了出游的季节性。从供给的角度讲，目的地的气候以及景观如果受季节的影响较大，也会助长消遣型旅游者来访的季节性。

（3）行为自由。消遣型旅游者在对旅游目的地和旅行方式的选择以及出发时间的选择方面，拥有较大程度的选择自由。例如，如果在旅游者出行前得知某个旅游目的地的不安全因素增加或者旅游产品质量下降或提价过高，旅游者就可能临时改变原来的计划，取消旅行或者改到其他地区旅游度假。对于动身时间，消遣型旅游者（尤其是散客）的选择空间也较大。因此，有的人外出时宁肯花时间等待飞机临起飞前的廉价剩余机票，而不愿意提前预订。如果遇到其他天气变化，也可能会改变出发时间。当然，这种选择的自由并非是无限的，而是在其时间及收入等限制条件范围之内。正是由于这一类型的旅游者自由度较大，才成为各旅游目的地和旅游行业中的同类企业争夺最激烈的市场部分。

（4）停留时间长。消遣型旅游者在旅游目的地的停留时间一般比较长。例如，这类旅游者在来华旅游时很少只参观一个城市或景点，而是要到各地领略一下不同的风光景致。即使主要逗留于某一旅游胜地，由于消遣度假的原因，逗留时间也会相对较长。

（5）对价格敏感。消遣型旅游者大多对价格较为敏感。这是由于消遣型旅游者多为自费旅游。因此，如果某地的旅游产品过于昂贵，超出了其承受范围，他就会改往其他地区旅游。对旅行方式的选择也是如此，如果时间的限制不是太紧，而航空机票又过高的话，他会选择其他的旅行方式。总之，消遣型旅游者对旅游产品，更关心的是货真价实，物有所值。

2. 事务型旅游者的特点

现代大众旅游时代到来以前，商务旅游者是旅游活动的主体。在当代，尤其随着世界全球化的进程，任何一个国家或地区都不可能脱离与其他国家或地区的经济、文化、政治等的联系与合作。而对于一个走向国际化的企业或组织而言，在全世界的范围内获取资源，开拓市场，寻找可能的发展机会，开展与其他企业的合作，已经成为其工作的重要内容。这些联系与合作导致了地区与国家间的人员流动。事务型旅游者因而形成了一个有规模的不可忽视的市场。

这一类型的旅游者，出游目的显然不同于消遣型旅游者，因此具有以下特点：

（1）人数少，出行频繁。这一部分的旅游者受旅游企业重视的主要原因之一在于，他们的出行很多是出于固定的业务联系，因此常常会到一地作多次旅行。如果旅游企业能够与这些组织发展长期良好的合作关系，往往会形成固定的顾客群。例如，就世界航空客运市场而言，事务型旅游者在其中所占的比重高达50%。在全球饭店业，尤其是五星级饭店接待的客人中，事务型旅游者所占的比例也相当高。

（2）没有季节性限制。由于他们的出行是出于工作或业务的需要，因此不需要受假期的限制，利用工作时间即可。在本国旅游度假的旺季，他们出差办事的可能性反而可能会较低，因为他们自己也可能要和家人一起度假。另外，对于短途的旅行，他们的往返和动身，以及在目的地的停留还会集中于周一到周五的工作日期间，以便于开展工作，而很少选择周末的休息时间。

（3）选择自由度较小，甚至根本没有选择余地。开展业务的事务型旅游者，必须到有业务联系的地区，而参加会议的，会议的召开地点也非自己能够决定。

（4）消费相对较高。在对旅游服务的要求方面，这一类型的旅游者强调的是舒适，活动方便，因此消费较高。例如，事务型旅游者更强调方便，因此在购买机票时一般不会选择附加条件太多的廉价机票。而在选择饭店时，出于维护本公司或者组织形象的考虑，也会选择较高档的住宿设施。

（5）对价格不太敏感。一方面，这一类型的旅游者外出消费并非自费，另一方面也是因为他们没有选择或更改目的地的自由。只要工作或业务需要，即使目的地的旅游产品价格提升较大，只要未超过其组织能够或愿意承担的限度，他们仍会前往。即使迫不得已取消了出行计划，一般也不会改往他处。

3. 个人和家庭事务型旅游者的特点

个人和家庭事务型旅游者是指那些探亲访友和和求学目的的旅游者。这类型的旅游者的需求特点比较复杂。他们在需要方面不同于前两种类型的旅游者，又兼有这二者的某些特点。例如，在出游时间上，他们不大可能利用工作出行的机会探亲访友，而需要在假期出行。传统上的亲友团聚的节日一般是这一类型的旅游者出游的高峰时期，而这些节日对不同民族不同国家的人而言又是不同的。这一类型的人也不太可能利用带薪假期外出探亲访友。另外，其出游时间在某些情况下又是有限制的。例如在参加婚礼、毕业典礼等社会活动时，时间限制就较大。因此总体上，这一部分的旅游者的出游没有什么季节性。这一点与事务型旅游者相似。但是，由于他们多是自费旅游，因此在对价格的敏感程度上，又与消遣型旅游者有相似的地方。在对目的地的选择上，他们的选择自由度又与事务型旅游者相似，基本没有选择空间。因此，这类旅游者的情况难以一概而论，必须具体问题具体分析。

知识归纳

旅游者得以产生，除了受可自由支配的收入、可自由消耗的闲暇时间及其他客观条件制约，还受到受尊重和自我实现、探新求异、逃避现实和调节身心等主观条件的制约。要为旅游者提供高质量的服务，就需要详细了解旅游者的类型。

本章重点介绍了有关国际组织和我国对旅游者的定义及游客范围的界定，概述了旅游的不同类型，同时，根据旅游者出行的目的来划分，对消遣型旅游者、差旅型旅游者、个人和家庭事务型旅游者进行了分析。

复习思考题

1. 比较消遣型、差旅型旅游者的特征。
2. 简述旅游者形成的主客观条件。
3. 从澳门到苏州参加博览会的商务人员属于国内旅游者还是国际旅游者？
4. 旅游者可分为哪些类型？其各自需求特点是什么？

第四章

旅游对象

> **学习目标**
>
> 1. 掌握旅游资源的定义、分类、特点及功能。
> 2. 了解旅游设施与旅游资源相对应的关系。
> 3. 了解旅游服务的定义及特点。

旅游对象,是能够激励人们产生旅游动机,诱使人们产生旅游行为并实现旅游活动目的的各种事物和现象的总称。它主要包括旅游资源、旅游设施和旅游服务三个方面的内容。

旅游对象是为满足旅游活动的需要,经过人为开发的事物。旅游对象中的旅游资源,也应仅限于现实的旅游资源。潜在的旅游资源将随着开发而逐步充实到旅游对象之中。

旅游设施是专为旅游者提供消闲条件、满足旅途生活需求的娱乐设施和服务设施,其专业性很强。而其他许多设施也常在旅游业中起到非常重要的作用,以致有人误将它们混为旅游设施。

旅游服务是以"活劳动的形式"保证旅游者在整个旅游活动期间对旅途内容的充分利用和旅途经历的充分体验。旅游服务即时性、艺术性、地域性的特征,使其成为构成吸引旅游者的重要内容。是旅游对象的不可或缺的组成部分。

旅游资源在旅游对象中占首要地位。旅游资源吸引力的大小是旅游者出游选择旅游地的首要动因。随着人们社会水平和需求层次的不断提高,旅游设施和旅游服务也日渐成为出游选择的重要因素。

> **导入案例**

厦门旅游环境

据不完全统计，2017年厦门接待旅游过夜人数6 800万人次，同比增长13%；旅游总收入968.26亿元，同比增长16.33%，占全省GDP的12.6%，高于全国平均水平。另据海南省旅游局提供的数据显示，2016年海南共接待海外游客357.81万人次，同比增长16%，其中外国人159万人次，同比增长17%。两位数的增长率也透射出厦门开始迈入"大产业""大市场""大营销"的时代。但同时也出现了一系列破坏生态旅游资源环境等问题，主要表现在以下几个方面。

1. 垃圾公害

由于客流量过多，旅游业发展迅速而又缺乏规划和管理，人们的环境保护意识较差，可以说游人到哪里，环境污染就到哪里。大量游人随身携带着各种塑料制的食品袋、一次性餐具等，这些极难分解的白色垃圾对环境造成了极大污染。目前，在三亚市内只有部分酒店对垃圾分类处理。

2. 水污染

它主要是由于一些开发商在建设过程中缺乏环保意识，在大量的工程兴建中、在日常经营工作中排出了大量含化学物质的废水。

3. 噪声污染

导游手持扩音器召集游客的声音，不文明游客的高声喧哗，旅游风景区内商贩的大喊大叫，景区内保龄球的滚动声，某些娱乐场所的高分贝声响等都成为噪声污染的主要来源。

4. 生态破坏

生态环境和旅游资源遭到旅游活动和开发的破坏，主要表现为景区内超容量的游人活动造成的破坏。调查显示，游人过量加剧了土壤的板结化，加快了古树名木的死亡速度，少数游客的蓄意破坏也不容忽视。

讨论：厦门生态旅游环境遭到破坏的原因是什么？

第一节 旅游资源

一、旅游资源的定义

目前人们主要是从需求和供给两种角度对旅游资源进行解释。

从需求的角度去认识和解释，认为旅游资源是旅游活动的对象物，如：

（1）旅游资源就是吸引人们前往游览、娱乐的各种事物的原材料。这些原材料可以是物质的，也可以是非物质的。它们本身并不是旅游的目的物和吸引物，必须经过开发才能成为有吸引力的事物。

（2）旅游资源是指对旅游者具有吸引力的自然存在和历史文化遗产，以及直接用于旅游目的的人工创造物。

从供给的角度去认识和解释，认为旅游资源是旅游业能够借以开展经营活动的凭借物，如：

（1）凡属于旅游业的资源，均属旅游的资源。

（2）从现代旅游业来看，凡是能激发旅游者旅游动机，为旅游业所利用，并由此产生经济价值的因素和条件即旅游资源。

应该说，从上述任何一种角度去认识和解释旅游资源的做法均有其逻辑依据。但是，在本节的讨论中，我们将侧重于强调从需求角度出发对旅游资源所做的定义。这是因为，只有从这一角度去定义，才能反映出旅游资源理论的核心，即吸引力因素。

在现代旅游活动中，作为客体的旅游资源与主体（旅游者）的关系密不可分。旅游者之所以愿意去某地或某国旅游，是因为那里（旅游地）对他们有吸引力。具体而言，一国或一个地区之所以能够成为旅游目的地，是由于旅游者能够获得在其常住地或本国所不能获得的收获、经历或体验。这些"异国他乡"由其特殊的自然因素、文化因素、社会因素或其他任何因素构成的新奇内容和理想环境，对游客有强大的吸引力。这些因素就构成了现代旅游活动的客体即旅游资源。

旅游资源最大的特点，就在于它能激发旅游者的旅游动机，吸引旅客前来该地进行旅游观赏、消遣娱乐、休憩疗养、登山探险、科学考察、文化交流等旅游活动。也正因为如此，西方人一般将我们所说的旅游资源称为"旅游吸引物（attraction）"。这就说明，吸引力是衡量旅游资源的主要标准，旅游资源的理论核心是吸引力因素。

据此说明，旅游资源的概念是一个开放的系统。只要对游客具有吸引力，无论是自然的——湖光山色、植物动物；文化的——文物古迹、民族风情；现代的——社会建设成就……那些物质的或非物质的因素都可以成为旅游资源，都是吸引游客前往的客观实在。

旅游资源也是一个发展的概念。随着科技的进步，不仅"原材料"需要开发，即使是一些已经开发利用的旅游资源可能还需要进一步开发挖掘以增强其吸引力。如通过游览路线设计，使四姑娘山的精华景色可以在较短的时间内展示给游客。九寨沟的民族歌舞晚会，通过发掘、组合和包装，在短短两个小时的时间，集中展现藏族、羌族迷人的风情和歌舞的精华，无疑增强了资源吸引力。也就是说，旅游资源需要不断的开发，对其潜能的开发是一个动态的过程。因此，从长远的角度看，凡是对旅客具有吸引力的事物，无论其经过开发与否，都应属于旅游资源的范畴。

国家旅游局、国家技术监督局《旅游规划通则》（2003）给旅游资源下的定义为：自然界和人类社会凡能对旅游者产生吸引力，可以为旅游业开发利用，并可产生经济效益、社会效益和环境效益的各种事物和因素，均称为旅游资源。

二、旅游资源的产业意义

现代旅游学对旅游资源的理解重在它的实用性，与发展旅游产业有不可分割的关系，是基于旅游"资源"对发展旅游业的根本"有用"性而提出的。即是说，开发利用旅游资源对旅游业具有根本性的效益功能。在总体旅游产品中，旅游资源为其最核心的成分。旅游资源的存在才导致综合旅游消费活动的产生。旅游业依托于旅游资源对旅游者的旅游吸引功能，通过不断地从深度和广度上开发利用旅游资源，在旅游者主体与旅游资源客体之间为不断实现和发展旅游活动发挥作用，最大限度地促进综合性的旅游消费活动，从而获得自身最大的经济效益与行业的不断发展。

基于以上立场，旅游业界的理论研究和实践活动，就特别倚重旅游资源在旅游对象中的决定作用和首要地位。在过去二十多年中，就出现了旅游开发就等于旅游资源开发、旅游设施建设和旅游服务相对滞后的现象。理论上也把旅游对象等同于旅游资源。旅游资源的产业意义主要体现在以下几个方面。

1. 旅游资源的吸引功能

资源泛指对人类社会有利用价值的一切基础性因素，尤其是对生产经营者及生产经营过程直接有用的各种因素。旅游资源是一种首先对旅游者最直接"有用"的、对其核心需求具有导向意义的资源。从旅游的角度看资源，关键在其对游客的"吸引功能"。旅游资源对旅游业的利用价值完全是基于旅游资源对旅游者的旅游吸引功能，不包括对旅游业及旅游者有利用价值的其他基础性因素。如交通、接待设施等。所以，我国使用的旅游资源概念，不等同于欧美旅游界使用的"Tourism Resources"（可以译为"旅游业资源"）的概念。

2. 旅游资源的无形性价值

旅游资源是构成旅游地核心产品成分的资源，而并非是形式产品意义上的原料资源。对于物质产品的生产而言，资源尤其是指形式产品生产所需的原料来源。而旅游资源在形式上不仅仅局限于山水风光之类的自然旅游资源，也不局限于园林、建筑、文物之类的物质性旅游资源。即使是天然的物质性旅游资源，总体上也并非是将其作为物质原料加以改变性、改造性利用。其作为对旅游者核心需求具有导向意义上的资源，对于整个产品概念上的旅游地旅游产品开发而言，恰恰应是构成需要加以挖掘和强化的核心产品因素。旅游资源的"产品化"过程，其核心并不在于对其物质形式进行改变、改造，而是发掘、组合、整合，凸现其吸引功能。它的无形价值往往大于其有形价值。比如长江三峡中的巫山神女，如果没有神女的传说，就显得苍白而魅力大减。所以，旅游业界流行一句话：旅游开发不等于建设。

3. 旅游资源的多样性与开放性

大千世界，无奇不有。游客来自不同国家、地区、民族，有其年龄、职业、性别、受教育程度等的不同差异，具有千差万别的旅游需求。旅游主体和客体之间的交互关系，使旅游资源在其内容和形式上有为任何其他类别资源所不及的多样性与开放性。旅游活动的本质在于精神体验，在于情感体验，为了适应和满足广大游客多样化的兴趣和需求，就必须提供多样化的产品供游客自由选择。既然衡量旅游资源价值的核心标准只有一个——吸引力，对其特征的限制很少。所以，有可能划归到旅游资源范畴的事物和现象就十分广泛。诸如高山、奇石、清溪、峡谷、大数、虫鱼、古庙、坟墓、名人、歌谣、生活习俗、民间工艺，等等，无不囊括其中。因此，旅游资源是多样的而且其内涵是开放的。

三、旅游资源的分类

同其他事物的分类一样，按照不同的分类标准，所划分出来的旅游资源类型也不尽相同。

（一）根据旅游资源表现内容的基本属性分类

根据旅游资源表现内容的基本属性，将旅游资源划分为三大类：一类是自然旅游资源，一类是人文旅游资源，还有一类是社会旅游资源。

1. 自然旅游资源

自然旅游资源包括：

（1）气候天象。如风和日暖、光照充足、空气清新、干爽宜人以及天象奇观等。

（2）地文景观。包括山岳形胜、岩溶景观、风沙地貌、海滨沙滩、罕见的地质结构等。

（3）水域风光。包括江河、湖泊、瀑布、水库、泉水、溪涧、冰川、滨海景观等。

（4）生物景观。包括森林、草原、珍稀树种、奇花异草、珍禽异兽及其栖息地。

（5）天然疗养条件。包括天然矿泉、温泉、盐浴场、沙浴场以及其他各种具有保健和养身功能的天然资源。

2. 人文旅游资源

所谓人文旅游资源是指以历史文化事物为吸引力本源的旅游资源。人文旅游资源的构成比较复杂，它包括有形和无形的两种。可做如下的划分：

（1）历史文物古迹。包括历史建筑、文明遗迹、石窟石刻等。这些建筑和遗迹往往是一个国家或民族历史发展的物证，同时在设计和建筑风格上都有不同于其他国家或民族的独特之处，因而往往是有形的人文旅游资源中最宝贵的组成部分。

（2）民族文化及有关场所。民族文化的范畴十分广泛。这里主要指民族历史、民族艺术、民族工艺、风俗习惯以及节日庆典活动，等等。集中反映和表现这些内容的场所便是西方学者称之为"旅游吸引物"的重要构成部分，例如博物馆、藏书馆、民族展览和表演馆、民族工艺生产场所、反映民族特色的园林，等等。由于民族文化的独特性，因而往往成为旅游者好奇和兴趣的所在。特别是可供旅游者亲自参与的节日庆典活动，以及可让其亲身体验的民族生活方式和传统的民族活动，往往对旅游者有更大的吸引力。

（3）宗教文化。即一切与宗教直接有关的文化现象。包括宗教建筑、宗教活动、宗教艺术等。

（4）独特的工艺和烹调技艺。民间工艺具有传统性、地方性、民族性甚至家族性的特征，其源远的历史、精湛的技艺、丰富的品种对游客很有吸引力。如景德镇的瓷器、北京的景泰蓝、苏湘蜀粤四大名绣等。烹调技艺是最具地方特征的资源，"吃"又居旅游生活六大基本要素之首，在旅游资源中占有特殊重要的地位。

（5）著名国际性体育赛事和文化盛事。国际奥运会、世界杯足球赛、世界性的音乐节、戏剧节、电影节等。

3. 社会旅游资源

这是指异国他乡的人所生活的社会环境，代表性的建设成就以及独特的民俗地域氛围。

（1）主题公园。指为了发展旅游业而有意识地建造的、专为旅游服务的主题性的现代建设成果，以美国迪士尼乐园为代表，包括富有特色并具一定规模的大型工程设施和文化休闲和康体娱乐设施。

（2）经济发展和建设成就。知名度高的现代大都市往往集中汇集了一个国家或地区的物质和精神文化成果的精华，代表了一个国家或地区的文化水平。如上海的"东方明珠""金茂大厦",悉尼的歌剧院等都具有不可替代的吸引价值。另外,城乡风貌。包括历史悠久的文化名城、现代气息浓郁的现代都市、个性鲜明的特色城市、清新宁静的乡村风光等。

(3) 优美环境和友好氛围。人与自然、人与人之间和谐相处构成优美环境,目的地居民对外来访问者的友善和好客态度也可构成当地的一项旅游资源。夏威夷的旅游发展可谓这方面的范例。

(二) 根据旅游资源的利用情况分类

根据旅游资源的利用情况,可将旅游资源划分为现实旅游资源(realistic tourism resources)和潜在旅游资源(potential tourism resources)两大类。不论是自然旅游资源还是人文旅游资源,都有现实和潜在的两种情况。现实的旅游资源是指不仅本身具有魅力,而且已有条件并且正在接待大批游客前来访问的旅游资源。潜在的旅游资源则是指那些本身可能具有某种诱人的特色,但由于受该地交通条件或其他接待条件的影响,尚不大为人们所知或者暂时无法使很多游客前来观赏的资源。

这里需要注意的是,现实的旅游资源并非仅仅指已经为旅游业所利用的旅游资源,或者说是已经开发的旅游资源,而是应包括所有已经为旅游者所利用的旅游资源。首先,旅游资源是能够造就对旅游者具有吸引力的各种因素的总称,但这并不是说只有为旅游业所利用的才属于旅游资源的范畴,而是说只有为旅游者所利用或向往者才属于旅游资源。因为早在旅游业问世之前,旅游活动便已经存在。即使在今天,很多探险式旅游者和漫游式旅游者也根本不使用旅游业的旅游服务。难道吸引他们前往的魅力所在不是旅游资源?其次,有些旅游资源,不论是自然旅游资源还是人文旅游资源,未必经过人为开发,也能为旅游业所利用,例如某些旅行社组织的探险式的南极观光以及某些登山旅游都属此例。所以,只要本身具有吸引游客的魅力,并且事实上已在吸引旅游者源源前来的旅游资源,即可称之为现实的旅游资源。

四、旅游资源的特点

前文已经说明,吸引力是旅游资源区别于其他资源的本质属性,是旅游资源的核心要素。它表现为以下几个方面的特征。

1. 客观性

旅游资源大多是自然形成、客观存在的,既有其时间发展的必然性,也有其空间位置的客观性。

旅游活动产生之前,自然资源是人类赖以生存的根本条件。从旅游活动发展历史来看,人类与大自然的关系经历了恐惧—回避—崇拜—赞美的过程。从对自然资源的利用发展到欣赏，是人类生存能力、生产能力和认识水平提高的表现。因此，自然资源的发展是自在自然的，是客观存在的，对自然资源旅游属性的发现和利用是人类自身发展成熟的表现。

人文旅游资源也有其存在的历史轨迹，是历史发展的必然产物，是不以当今人类的意志而转移的客观存在。无论是皇陵、庙宇、文物、遗迹，产生的历史大多与旅游无涉。只有当其历史的沉淀与当今的文化形成强烈的对比和反差，对当今的旅游者构成足够的吸引力时，其旅游资源的价值才客观形成。

旅游资源的客观性特征使其具有了不可替代的垄断性。目的地的历史遗产和天然旅游资源，都具有地理上不可移动从而为该地所垄断的特点。无论是我国的长城、埃及的金字塔，还是东非的天然动物园和英格兰的绿景，都是如此。当然，在现代经济和技术条件下，在其他地方仿造这些东西并非不可能，但这种仿制品由于脱离了历史和环境，从而失去了意义和魅力。

2. 多样性

从旅游资源的定义可以得知，旅游资源是一个内涵非常广泛的集合概念，能够造就对旅游者具有吸引力环境的因素都可成为旅游资源。此外，旅游资源在表现形式上也具有多样性的特点。它可以是自然的，也可以是人文的；可以是历史的，也可以是当代的；可以是有形的，也可以是无形的。旅游资源的这一特点，是旅游者形成条件和心理特点的多样性，以及由此决定的千差万别的旅游需求推动下的产物，总之，这是客观世界的复杂性决定的，也是与人们旅游动机的多样性分不开的。

3. 定向性

旅游资源的吸引力在某种程度上涉及主观效用。就某项具体的旅游资源而言，它可能对某些旅游者吸引力颇大，而对另外一些旅游者则无多大吸引力甚至根本没有吸引力。所以，任何一项旅游资源都具有吸引力定向的特点，只能吸引某些市场部分，而不可能对全部旅游市场都具有同样大的吸引力。

4. 易损性

由于旅游资源的客观性和垄断性，使其自然地排斥人造的资源和人为的痕迹。改动（甚至移动）痕迹过重的文物被称为伪文物，对旅游者的吸引力大大降低。所以，旅游资源如果利用和保护不当，是很容易遭到破坏的。有形的旅游资源是如此，无形的旅游资源也有同样的问题。一项使用过度的有形资源可能被毁坏，甚至不可再生。一项维护不当的无形资源一旦遭到破坏也是在短期内难以修复的。比如九寨沟的日接待游客量大大超过环境承载的能力，使其生态系统和水质发生了无可挽回的破坏。少数民族旅游地过度商业化的民俗表演，天长日久也难以恢复民俗文化原始的魅力。

5. 可创新性

随着时间的推移，人们的兴趣、需要以及时尚潮流也在发展变化。这使得人对资源的创新成为必要和可能。此外，在传统旅游资源匮乏的地区，为了发展旅游业，也可能会凭借自己的经济实力人为地创造一些旅游资源。新加坡就是这方面的典型例子之一。此外，无论是以迪士尼乐园为代表的各类主题公园，还是我国的洛阳牡丹花会、山东潍坊的风筝会，等等，几乎无一不是这种创新人造旅游资源的例证。

认识旅游资源的这些特点对于发展旅游业，特别是对于一个国家或地区的旅游规划和开发、旅游市场营销以及旅游资源的保护等工作都具有一定的实际意义。

五、旅游资源的结构功能

在现代旅游活动的三要素中，旅游资源是作为旅游活动的直接对象，即旅游活动的客体而存在的。旅游资源对旅游者和旅游业具有双向功能，其在针对不同的主体的结构模式中体现出来。

1. 旅游资源的旅游吸引功能

旅游资源首先表现为对旅游者直接"有用"并具根本性"用途"的旅游活动对象。这种非经济的"有用"性，其实质即是旅游资源对旅游者的旅游吸引功能。旅游资源这种对旅游者的吸引功能，而非经济实用的功能，正是旅游资源的价值所在。旅游者为了寻求与日常生活模式不同的"特殊经历"，为寻梦，为刺激（探险），为舒适（度假），为新奇（观光），不是以日常生活的价值评判为标准，所以是"无用的"，但是满足了旅游动机的要求，是有吸引力的，所以又是"有用"的。

这种吸引力主要表现在其休闲性、审美性、娱乐性和模拟参与性，是暂时摆脱了工作、日常生活的规律与束缚，"让心情放飞"，追求自由、闲适、畅快而没有现实的目的的。具有旅游吸引功能是旅游资源的本质属性与核心内容，也是旅游资源范畴的根本约束条件。以"吸引力"为衡量标准，旅游资源的类别就少有局限而呈开放的形态。但凡自然的、人文的、社会的所有资源，只要具备对游客的吸引力就可归为旅游资源。

旅游资源具有市场导向性特征。旅游资源的旅游吸引功能是相对于旅游者，或者说是相对于一定的客源市场而存在的。总之，离开了客源市场这一对象，旅游资源也就失去了其本质特征与自身价值。

2. 旅游资源的效益功能

对旅游资源的开发既可带来直接的经济效益，还可以通过其综合性的带动功能促进相关产业经济效益的增长。旅游资源的开发在现实经济生活中发挥作用主要通过：

（1）增大规模。这有两层意义：一是把个人的零星消费集中为一个密集的过程，把不同形式的消费统一到一个过程中来。举凡旅游活动涉及的诸多分散的消费行为，都在一次活动中完成。二是把不同的人群集中到一个市场中来，把单点的消费活动变成群体的规模消费。

（2）便利消费。主要是在消费者和厂商之间建立连接的桥梁，使消费者在消费的决策过程和消费过程中都能与供给商顺滑地对接，把无数次烦琐的市场交易简化为一次性的行为，从而加剧了消费者的消费倾向，使个人可支配收入更多地流入到国民经济的循环体系中来。

旅游在国民经济中的作用更多地体现在为产业部门搭建跳板，促进社会产品由生产到价值实现的惊险一跃，加快从供给到需求的转化过程，是一种经济发展的推动力，一股经济繁荣的促进力量。所以，旅游业的经济效益是一种综合的经济效益。

旅游资源的旅游效益功能同时体现为社会效益与生态环境效益。"三效益"的统一功能，也是由旅游资源开发利用的特殊性所决定的。对旅游资源的合理开发利用，不仅不会造成对旅游资源的破坏，还会引起对旅游资源的关注，和对其旅游资源价值的重视，还能改善和美化旅游地的环境，带来区域与城市形象的提升，促进区域历史文化遗产的发掘与保护，地区间的文化交流以及精神文明建设。

六、旅游资源开发

旅游资源开发是人们为了发挥、改善和提高旅游资源的吸引力而从事的开拓和建设活动。

1. 旅游资源开发的必要性

潜在的旅游资源需要经过有意识的人为开发，才能造就吸引旅游者并促进旅游者行动的"产品"，成为旅游地。潜在的旅游资源才能成为可供旅游者消费的现实的旅游资源。现实的旅游资源也需要"再生性"的旅游开发。这种开发的目的是为了巩固或改善和提高旅游资源的吸引力。

旅游产品也是有生命周期的。旅游产品的生命周期，就是旅游产品从无到有，逐渐兴旺，又逐渐衰落，甚至少有人问津的过程，可以把这个周期分为初创期、成长期、成熟期、衰退期。从旅游产品供给的角度来说，出现产品老化、环境污染、植物破坏、服务质量下降；从旅游者角度分析，因时尚潮流变化，旅游者阅历丰富，情趣转移。周期变化的关键为旅游资源吸引力的变化。

潜在的旅游资源的开发是通过建设可通达性，配套旅游接待服务设施，使潜在的旅游地成为现实的旅游地。现实的旅游资源通过深度开发、创新策划，可延长其生命周期。

2. 旅游资源开发的内容

静态地看，旅游资源开发的目的，是开拓利用，或更好地利用旅游资源，对与之有关的旅游接待条件进行开发和建设，以使旅游资源所在地成为一个有吸引力的旅游环境或接待空间。动态地看，旅游资源开发是为了适应旅游市场的变化，满足不断变化的旅游消费者的需求，以使旅游资源保持较强的吸引力和生命活力。

（1）旅游资源由潜在向现实的转化。旅游资源在开发之前，大多处于潜在的状态。一般都缺乏现代旅游活动所需要的基本条件，难以融入旅游业，无法被用于开展大规模的旅游接待活动。因此，对旅游资源的开发和建设是客观必要的。这种建设，从内容、形式上说，不仅指对尚未利用的旅游资源的初次开发，也可以是对已经利用了的景观或旅游吸引物的深度开发，或进一步的功能发掘；不仅指对一个从无到有的新景点的创造，也可以是对现实存在的旅游资源的归整和加工。从其性质来看，既可以以开发建设为主，也可以以保持维护为主。并且这种开发建设活动的内容、性质是一个发展变化的动态过程，在旅游点生命周期的不同阶段表现出不同的侧重点。例如，一个旅游点从初创期到成熟期，将经历从尚未利用的初次开发到成熟阶段的深度开发，其开发工作的性质也由开发向保护转化。

（2）提高可进入性。即解决进出交通的便利、快捷、舒适，是旅游开发首要的基础工作。旅游讲究"旅速游缓"。从出发地到目的地的旅行时间要尽可能缩短，还要尽量做到安全、舒适，降低交通费用在整个旅游消费支出中的比例，这样才使旅游资源所在地成为现实的旅游地有了现实的基础。

（3）建设和完善基础设施和配套设施。凡属当地居民生活所必需的设施如供水、供电、邮政、排污、道路、银行、商店、医院、治安等属旅游基础设施。直接为旅游服务的旅游饭店、旅游商店、游乐场所等，即为旅游者生活标准建造的，对当地居民不是必需的设施即为旅游配套设施。旅游开发就是要建设和完善保障当地居民生活所需的基础设施，这是发展旅游业的基本条件。进而建设和完善为旅游者消费所需要的旅游配套设施（星级饭店、游乐设施、景点景观开发、旅游商店等），这是旅游业发展的必要条件。

（4）培训人才，完善旅游服务。这是为满足旅游业发展需要而培训专门的人才（饭店管理、景区管理、营销、导游、生态环保、计划、人力资源、财会等）。旅游专业人才者是旅游开发的人力资源保障。旅游服务质量的高低在一定程度上会起到增添或减少旅游资源吸引力的作用，因此，要不断加强和完善旅游服务，并培训能够提供专业服务的人员。

3. 旅游资源开发的原则

旅游资源开发的目的是发挥、改善和提高旅游资源的吸引力，发展旅游业。在吸引旅游者来访并满足其需要的同时，推动旅游接待国或地区社会、经济的发展。对于国内旅游而言，则是要满足人民日益增长的物质和文化需求。为了保证旅游资源开发的科学化，有序化，旅游资源的开发和建设工作应遵循以下一些原则。

（1）突出独特性的原则。

旅游资源贵在稀有，其质量在很大程度上取决于与众不同的独特性。这是它们能够对旅游者产生吸引力的根本所在。因此，突出旅游资源本身原有的特征，有意识地保存和增强这些特征具有十分重要的意义。这一原则具体体现在：

①尽可能保护自然和历史形成的原始风貌。任何过分修饰和全面毁旧翻新的做法都是不可取的。特别是对于自然旅游资源和历史旅游资源来说，这种做法只能削弱它们对旅游者的吸引力。在这个问题上，开发者必须要以市场的价值观念看待开发后的吸引力问题，而不能凭自己的观念意识主观地决定。当然，对于那些虽有记载或传说但事物遗迹全不存在的历史人文资源，根据史料或传说在原址重新复建则另当别论。然而即使如此，也要注意尽量反映其历史风貌，而不能以现代的建筑材料和建筑风格取而代之。

②尽量挖掘当地特有的旅游资源，以突出自己的优越性，即所谓"人无我有，人有我佳"。不论是借用或开发自然和历史遗产，还是新创当代人造旅游资源，都要通过开发措施强化旅游资源的独特性，如某项旅游资源在一定地理范围内最高、最大、最古、最奇，等等，以确保旅游资源的吸引力和竞争力。

③努力反映当地的文化特点。突出民族化、保持某些传统格调也是为了突出自己的独特性，同时也有利于当地旅游形象的树立。旅游者前来访问的重要目的之一就是要观新赏异、体验异乡风情。不难想象，如果开发后的旅游地环境同客源地的情况无大差别，旅客是不大愿意前来方访问的。即使来过一次，以后也难再返故地重游，除非会有新的变化。以旅游开发地的建筑风格为例，如果在开发过程中片面追求西方现代建筑式样，那么西方游客来此地后就不会有新异之感。但这并不是说一切只能"土"而不能"洋"，更不是说一切只能"旧"而不能"新"。旅游开发中应突出的民族文化和地方文化主要是指在环境外观上要使人有民族和地方的特点。对于旅游服务设施的内部环境和设施则非但不宜"旧"，而且必须要以符合游客的生活习惯并使其具有熟悉感为原则。总之，应力求外"土"而内"洋"，外"旧"而内"新"，使来访游客在精神上有置身于异国他

乡的新奇感,在生活上又享有如居故里之便利。

(2) 经济效益、社会效益和环境效益相统一的原则。

旅游资源开发的目的是发展旅游业,从而达到挣取外汇、回笼货币、解决就业、发展地区经济等目的,实现一定的经济效益。由此,旅游资源的开发首先必须要服从当地社会经济发展的需要。并非所有拥有旅游资源的地区都可以或者都应该发展旅游业。比如在咖啡旅游业所付出的机会成本大于它能带来的收益的情况下,这种开发对当地全局来讲显然是不经济的。其次,在国家或地方决定发展旅游业的情况下,也要根据自己的经济实力和有关开发项目的投资效益预测,分期分批有计划有重点地优先开展某些项目,不能不加选择地盲目开发,更不能不分先后地全面开发。再者,对开发项目投资的规模、建设周期的长短、对游客的吸引力、回收期限及经济效益等方面,进行投入—产出分析。但经济效益并非旅游资源开发追求的唯一目标,在讲求经济效益的同时还要考虑开发活动不能超过社会和环境的限度,否则会造成资源破坏、环境质量下降、社会治安混乱等负面影响,不利于当地旅游业的持续发展。因此旅游资源开发应遵循经济、社会、环境三效益统一的原则。对此,有学者提出旅游资源在开发时必须满足的八个条件:

①经济贡献。旅游资源开发会带来经济价值和就业机会的增加。

②环境因素。旅游资源开发应在环境保护法律和法规允许的范围内。

③社会文化因素。旅游资源的开发没有危及当地居民的道德和社会生活。

④竞争影响。旅游资源的开发与现有的旅游业形成互补的形势,而非形成同类旅游资源开发恶性竞争的局面。

⑤可行性。旅游资源开发的具体项目必须在经济上可行。

⑥遵循地方政策和发展战略。旅游资源的开发必须遵循旅游目的地的政策、法规及规划的要求。

⑦旅游影响。旅游资源开发增加旅游目的地的旅游吸引力,改善游客量及其他有益于旅游业发展的条件,增加旅游业发展的潜力。

⑧开发和经营者的能力。旅游资源的经营者具备一定的实力。

(3) 综合开发的原则。

综合开发对不同概念的旅游目的地有不同的意义。对于一个旅游接待国或者地域较大的旅游地区来说,往往存在有多种不同类型的旅游资源。综合开发通常是指在突出作为自己形象的重点旅游资源的同时,对其他各类旅游资源也要根据情况逐步进行开发。这是充分发掘该旅游目的地对外吸引力和努力克服来访旅游需求季节性波动的重要途径之一。通过综合开发,使吸引力各异的不同旅游资源结成一个吸引群体,使游客可以从多个方面发现其价值。对于一个地域较小的旅游目的地，综合开发则多指在开发其旅游资源的同时，从行、游、住、食、购、娱等多方面考虑旅游者的需要，做好有关的设施配套和供应工作。

（4）生态保护的原则。

开发旅游资源的目的是为了利用。但在某种意义上，对某些旅游资源，特别是对自然旅游资源和历史旅游资源来说，开发的本身就意味着一定程度的破坏。不过，如果处理得当，开发未必会破坏，反而能起到保护这些资源的作用。因此，关键问题是如何将开发工作处理得当，也就是说，在开发旅游资源的同时，要注意着眼于对旅游资源的保护，不能单纯地片面强调开发而不顾对环境的破坏问题。

第二节　旅游设施

一、旅游设施的分类

现代旅游活动离不开对旅游设施的利用和要求。现代游客对旅游设施的依赖日益增强。旅游地设施的齐备、完善、质量、风格情调也是吸引游客前往的重要因素。因此，旅游设施也是成为旅游对象的重要内容之一。与旅游者有关的设施包括旅游设施（旅游专业设施）和公共设施（旅游利用设施）两大类。（见表4.1）

表4.1　旅游设施分类关系表

```
          ┌ 旅游娱乐设施 ┌ 室内设施：俱乐部、舞厅、保龄球馆、室内泳池、文娱室、健身房
旅游设施 ┤              └ 室外设施：海水浴场、滑雪场、高尔夫球场
          └ 旅游服务设施：饭店、餐饮、卫生设施、旅游商店、导游指示牌

          ┌ 交通设施
          │ 建筑设施
公共设施 ┤ 能源供给
          │ 电讯邮政
          └ 废物处理
```

1. 旅游设施

旅游设施是指专门为满足旅游者娱乐和旅途生活所需而修建的各种成套建筑和设备的总和。其中又分为旅游娱乐设施和旅游服务设施。

2. 公共设施

在旅游活动中，人们既需要旅游专业设施，又需要公共设施。它们共同构成旅游活动的物质基础。公共设施服务于全民，但在旅游事业发展中发挥着极其重

要的作用。所以我们可以把与旅游关系密切的公共设施称为"旅游利用设施"。

公共设施分为五类：交通设施、建筑设施、能源供给、电讯邮政、废物处理。

二、旅游设施与旅游资源的关系

从逻辑关系上相对旅游主体的表述分析，"旅游客体"一词与旅游对象为同一事物。它可以理解为"旅游者直接用于审美娱乐享受和旅游生活消费的诸多旅游产品的总和，包括旅游资源和旅游设施两大类别"。由于旅游资源和旅游设施都经过旅游专项开发建设，所以对旅游开发经营者而言，旅游对象中的所有因素都是旅游产品。其中旅游设施是典型的物化产品。从旅游者的角度分析，旅游资源和一部分用于娱乐的旅游设施因共同具有旅游审美功能，在宣传作用下可以起到"旅游吸引源"的作用。

旅游设施与旅游资源的最大区别在于，旅游资源是自然形成的，其旅游功能是转化而来的，而旅游设施是用旅游专项投资建造的，有很强的专业性。

为满足旅游者需求，从无到有、特意投资营造出来的建筑或设施不属于旅游资源，它们应归入旅游设施的范畴。旅游设施是投资建设的结果，包括旅游娱乐设施和旅游服务设施。其中作为旅游活动必须条件的旅游服务设施不属于旅游吸引源。

三、旅游设施建设的原则

旅游设施是现代旅游业的物质保障。它既是游客旅途生活中依赖的必要内容，也是旅游业正常经营和接待服务必须具备的物质条件。设施建设是一个国家和地区综合发展水平、文明程度和竞争实力的体现，也是经济实力和科技水平的体现。旅游设施建设的合理、科学、完善，为旅游业的发展提供了充分的物质保障。

旅游设施建设应该遵循以下原则：

1. 公共设施与旅游设施协调发展原则

旅游（专门）设施专为发展旅游而建设，服务对象以外地游客为主，甚至为游客专用。旅游消费较普通消费为高，经济效益突出，容易受到重视。旅游目的地政府和开发商都积极主张投资建设。我国近二十年，出现过饭店建设热、主题公园建设热、娱乐场所建设热等潮流。而公共设施主要是满足当地居民的基本生活需求，属于社会公益事业，主要靠国家财政支出提供资金。

公共设施是旅游设施中基础的基础，是旅游（专门）设施正常运转的保障。像能源的供应、市政设施的建设、城市环境的改造和风貌的建设等，无不构成旅游地发展旅游业的社会环境和物质基础。因此，需要政府树立大旅游的思想，动员和协调社会各方面的力量，组织好社会资源，处理好公共设施和旅游设施建设的关系，使之相互协调，相互促进，共同受益。

2. 长远眼光原则

旅游投资，尤其是旅游设施的投资，属于长线投资；投资量大，回收期长；一次投入，长期受益。急功近利、目光短视的行为是旅游投资建设的大忌。一个新的旅游地，都要经历游客数量急剧增长和游客消费需求日益提高的过程。而且，外来游客，尤其是外国游客的消费水平普遍高于当地人，也对旅游地的接待设施、服务水平提出了更高的要求。如果目光短浅，急功近利，眼光只看见眼前利益，强调"当年投资，当年受益"，必然导致旅游开发违背科学规律和市场规律的短期行为。就像我国20世纪80年代初期，旅游开发全国遍地开花，但大多是盲目开发，粗放式开发。无论是山水泉林、佛庙道观，以为修个大门就可以收门票，游客就会蜂拥而至。道路不通畅，设施不配套，基本的卫生条件都不具备。片面地理解了旅游一次性消费的现象。游客难免有上当受骗的感觉。

所以，旅游设施的投资建设，要在充分的市场调研的基础上，科学规划，尊重旅游发展的规律，要有长远的眼光。要做到长期投资与近期效益结合，游客与居民利益兼顾，经济效益与社会效益协调，方能真正实现投资建设的总体目标。

3. 使用效果与景观效果和谐统一的原则

旅游设施价值具有双重性。它既具备为游客提供服务的使用价值，又具备与当地旅游资源和谐相融的景观价值。旅游设施也属于吸引旅游者的旅游对象的重要组成部分，其中，旅游设施的景观价值就是重要因素之一。四川省的石象湖旅游区，地面设施的设计做到了使用价值与景观价值的有机结合，堪称典范。石象湖旅游区内，无论是工作房、茶廊、服务点基本借用四川民居的石木结构，"穿斗房子"设计，并进行了仿古处理，与自然环境十分融合和谐。而内部设施却按三四星级饭店标准配置，游客反映良好。

第三节 旅游服务

现代旅游已经有别于古代的旅游，对旅游地接待条件的期待，对旅游业接待服务的依赖，已经成为现代游客大众的普遍性心理。现代旅游学是主要从经济产业的角度研究旅游现象。所以，今天的旅游者已经不能不依赖对旅游设施和旅游服务的要求。旅游服务是现代游客出游考虑的重要内容。因此，旅游服务已经纳入到旅游对象研究的范畴。

一、服务是旅游业的核心产品

1. 旅游业的服务性特征

旅游业是一项以出售劳务为特征的服务性行为。是一种凭借着固定的有形设施提供的无形服务。通过旅行社、饭店、交通、娱乐等各方面人员热情周到的服务,向旅游者提供吃、住、行、游、购、娱等方面的综合服务,以满足旅游者的需求。

旅游产品的综合性特点,使得许多经济部门和非经济部门都参与为旅游者提供服务。旅游业概念的中心内容,就是反映各种各样的企业和组织如何直接地为旅游者提供统一和优质的服务。

2. 旅游业的无形性特征

旅游服务出售的是行为和时间,而不是物质实体。服务的价值就是花费在服务生产上的劳动耗费。也就是说,旅游业的多数劳动成果不是以物质产品形式出售给消费者,而是以非物质产品形式(无形性)的服务劳动提供出来。几乎所有旅游产品都只有通过旅游业的服务才能显现自身的使用价值。

虽然在旅游活动中也有出售物质实体的行为(如购纪念品、餐饮),但那是附属的、被利用的,是可有可无的。游客在乎的仍然是无形的东西(经历、体验、特色、文化含量、纪念价值)。这也解释了旅游地消费高于普通消费的道理。

二、旅游服务的定义

1. 服务概念的内涵

服务概念的内涵包含以下内容:
(1) 服务是为他人付出的具有使用价值的劳动;
(2) 服务的目的是满足他人的需求;
(3) 服务是非物质的活动现象;
(4) 服务是用于经济交换的活动。

2. 服务的定义

服务是指产生社会效益和使用价值的活动形式,是为满足他人特殊需求所从事的非物质性生产以及从事可用于直接消费的物质性产品生产的社会化有偿性劳动,是为解除他人日常生活中劳动压力的代劳行为和使人得到享受的活动。

3. 旅游服务的定义

旅游服务就是用提供活劳动的形式,保证旅游者在整个旅游活动期间对各种旅游环境、设施、设备及活动项目活动充分利用和享受权益的综合性经营活动。

三、旅游服务的特点

1. 综合性

旅游是一段特殊的生活经历，涉及日常生活所需的方方面面，吃、住、行、游、购、娱，等等。之所以要离开常住地，而且付出比日常多得多的支出，就是为了享受服务，改变日常生活惯式，求一种新鲜感。通过旅游业（中介）的服务，把众多相关的服务（旅游准备服务——咨询、预订；旅途服务——交通服务；旅游逗留服务——餐、住、娱）组合在一起，形成可供利用于旅游者消费的"产品"。所以旅游服务是综合性的服务。

2. 直接性

直接性指旅游服务表现为"活劳动形式"。任何一种旅游产品都只有通过直接、及时、随机的服务才能提供给旅游者。咨询、预订，有旅行社或旅游咨询中心；食、宿，有服务员；游览，有导游；参观，有解说。旅游服务现场、直接的服务特点，对旅游服务提出了很高的要求。因为它是"成败在此一举"，不可追悔。

3. 情绪性

旅游消费并非是生存必需的消费。旅游者对旅游服务除物质上的需求外，还有精神上的需求。有时候精神上的满足更重要。这种精神满足包括被人承认，受人尊重。所以，旅游者对旅游服务的要求就不仅仅停留在物质的层面上——钱足秤够，吃饱喝足，而是提出了精神满足的要求。如服务的态度、服务的情绪、服务的质量、服务的艺术性，等等。而这些方面的评价，往往与游客当时的心情、心境有很大关系，也就是说与顾客的情绪直接关系。因此，旅游服务照顾、满足、调动游客的情绪尤其重要。

4. 时间性

即时效性的限制。旅游的使用价值与旅途的时间是成正比的，对旅游服务的"偷工减料"是对游客利益的侵害。如果旅游服务准备不充分，在消费时间去做准备，也是侵占了游客的利益。服务时间无法储藏。旅游服务的价值体现在时间上，没有及时消费就流失，不可追回，其价值不可储存。

5. 应变性

与"情绪性"相关，不同的旅游者，不同的消费者对服务满意度的理解有很大的差异。所以，旅游服务人员必须根据旅游者的心理、需求和具体环境，积极主动地为不同的游客服好务，尽力做到个个满意，人人舒心。因此，旅游服务要适应不同的需要，满足不同游客对象需要的服务，善于应变。

6. 艺术性

这是对旅游服务的高要求。其一是接待语言的艺术性。特色的、高超的旅游服务语言，是构成旅游吸引力的重要因素；其二是技能技巧的艺术性。"技艺"是技术高级形式。服务技术达到随心所欲，游刃有余，出神入化的地步对游客来说无疑就是一种艺术享受。

四、旅游服务的质量

旅游服务质量是在整个旅游过程中旅游者对所提供的各种服务满意程度的总称。服务的类型是多样的，性质上也有所区别，但是在质量上和内容上必须充分满足旅游者的需求，在整体上保证协调一致。这是服务质量的表现。

旅游服务质量的检验者是旅游者。旅游者的满意程度是衡量旅游服务质量的基本尺度。这是理解旅游服务质量的关键。

1. 提高旅游服务质量的重要性

旅游服务水平、旅游接待能力、旅游资源的吸引力，是一个国家或地区旅游业发展水平的标志。其中，旅游服务质量是生命线，是市场竞争中获胜的重要保证。其重要性表现在：

（1）旅游服务质量是旅游产品的核心因素。旅游服务是贯穿旅游过程中每一个环节的核心内容。现代旅游是以服务的形式出售。旅游者购买产品的过程就是购买服务的过程。旅游者对游程的满意度，对旅游产品的满意度，大都由服务的优劣所决定。

（2）旅游服务质量是旅游对象的重要内容。构成旅游地对游客的吸引力，既有资源的特色，也有设施的完善，更有服务的优劣。三者共同构成吸引游客市场的重要内容。

（3）旅游服务质量是一个国家和地区文明程度的表现。服务质量代表着旅游工作者的素质。尊重，是每一位旅游者的追求，实际上是他对自身的社会价值和道德价值的自我意识，并与自己的祖国、民族联系在一起。优质的服务就能满足旅游者的这种要求。服务质量代表着旅游工作者的道德、技能、责任心和素质，全面地反映了旅游工作者的基本素质。

2. 影响旅游服务质量的因素

（1）旅游设施和设备条件是对旅游服务质量产生影响的物质保障。现代旅游服务有一整套服务质量规范，这里面包含了旅游设施和设备的内容。没有这个前提，服务质量是很难得到保证的。

（2）旅游工作者的修养和素质，是影响服务质量的决定因素。

（3）旅游服务的管理水平也会对服务质量产生重大的影响。旅游服务的有效管理与组织，可以充分发挥服务质量的内在潜力。

（4）针对目标市场提供相应的服务也是影响服务质量的重要原因。按需提供服务是衡量服务质量标准的重要方面。

3. 旅游服务质量的标准

（1）行业标准。行业标准是经过总结多年的成功经验而形成的质量规范。它可以使企业迅速进入规范化的生产状态。

（2）企业规章制度。规章制度是绝大多数服务企业的常规标准。不同的企业根据自身的不同情况，其管理措施必然有针对性和有所侧重。

（3）消费者满意程度。满足客人需求是旅游生产的目的，但不是质量的根本标准。就消费而言，旅游是人们的高级生活享受。旅游者对旅游服务的质量评价，其感情因素起着主导地位。就生产目的而言，旅游服务质量的标准应是在满足消费者需求的基础上使他们感到满意。

归结以上旅游服务质量的衡量标准，主要来自两个方面：一方面来自旅游企业、行业制定的行业自律性的规章制度、行业手册，我们称为"主观标准"，是行业出于自律而主观制定的标准。另一方面来自游客的评价和满意度，我们称为"客观标准"。虽然游客的评价有千差万别，旅游服务的即时性、直接性特点说明了游客的满意度是最权威的评价。因此，我们说旅游服务的质量标准有"二元性"的特征。

知识归纳

旅游资源是构成旅游活动的三大要素之一，是一个国家或地区发展旅游业的基础，或者前提条件。研究旅游资源是旅游学逻辑结构的自然安排，也是推进旅游业发展的重要任务之一。旅游资源的开发和建设工作应遵循突出独特性原则、经济效益、社会效益和环境效益相统一的原则、综合开发的原则及生态保护的原则。旅游资源的开发利用是相辅相成、有机联系的综合体。旅游业只有做到这样才能健康发展。

复习思考题

1. 旅游对象的内容包含哪些方面？
2. 旅游对象与旅游资源之间的关系是什么？
3. 旅游资源具有哪些特点？
4. 旅游设施与旅游资源有什么关系？旅游设施建设的原则有哪些？

第五章

旅游业

学习目标

1. 掌握旅游业的概念、构成、性质及其特点。
2. 了解旅行社的定义、类型及在旅游业中的应用。
3. 了解我国当前旅行社发展现状及趋势。
4. 掌握旅游景区、旅游交通、旅游住宿、旅游餐饮及旅游购物的概念，了解他们在旅游业中的作用。

在这一章里，我们从供给方面讨论推动旅游发展的经济影响因素。以经济产业为特征的现代大众旅游的形成与发展，是需求和供给两个方面共同作用的结果。在这个意义上，供方是经济实体对旅游资源的发掘，对旅游对象的组织和推广，以满足旅游市场的需求，实现经济产业的目标。这里所说的供给方面便是旅游业。

导入案例

2008年7月17日，《长江日报》发布了湖北省内居民赴台湾环岛八日游的行程安排。第一天，乘航班从武汉到广州。第二天，乘航班前往台湾最大都市——台北市区观光，晚上前往台北市士林夜市观光，品尝美味小吃。第三天，早餐后，乘车经过世界最长之雪山隧道，前往花莲，可欣赏雄伟壮丽的太平洋海景。下午游览台湾知名公园"太鲁阁"。第四天,从花莲坐汽车到知本。乘车前往马太鞍湿地,后转玉长公路经东南海岸前往台东,泡知本温泉。第五天,清晨从知本出发,前往台湾最南端避暑胜地垦丁。垦丁的猫鼻头为台湾海峡与巴士海峡的分界,因有一从海崖上滚落的珊瑚礁岩,其形状若蹲扑之猫而得名。在高雄,游览西子湾,参观前清打狗英国领事馆。晚餐后,可夜游著名的爱河,一览高雄的美丽夜景。第六天,早晨乘车前往旅游胜地阿里山,沿途可欣赏阿里山神木、姐妹潭等胜景。随后前往日月潭,欣赏日月潭夜景。第七天,早餐后游览日月潭,随后返回台北,晚上前往台湾最高且汇集时尚、娱乐、社交等多功能于一身的101大楼,一览台北夜景。第八天,早晨前往野柳地质公园,下午参观"故宫博物院"。第九天乘航班离开台北,结束愉快旅程!

讨论: 旅游要素包括哪些?它们是怎么进行有效连接的?

第一节　旅游业的概念

一、什么是旅游业

旅游业概念的形成过程,是随着旅游业的产生、发展并逐步成熟的过程。如前所述,旅游业并非与旅游活动同步产生。旅游业是在近代产业革命之后,大众旅游成为世界潮流,大众化的旅游消费推动了旅游业的形成与发展。

1. 旅游业不同于普通产业

过去,有人把旅游业等同于旅行社业。在我国,也曾有人认为只有旅游局和旅行社才算旅游业部门。也有人认为,旅游业的产品是由一系列相互有关的行业共同提供,体现了旅游业所具有的综合性特点。但这一供给取向的定义对于旅游业在何种意义上构成一项产业的问题,并没有作出很好的回答。

为了全面认识旅游业的概念,我们有必要对"产业"一词有所了解。

"产业"(Industry)是指"其主要业务或产品大体相同的企业类别的总称"。这一解释表明,一个产业是由同类企业构成的。这些企业之所以属于同类企业,是因为他们都经营相同的业务或生产相同的产品。正因为如此,无论是从微观的企业角度看,还是从较为宏观的角度看,它们为经营该种业务或生产该类产品所作的投入和因此而实现的产出,都可以准确地测算和确定。所以,在传统上,人们一直都将这些条件作为划定产业的标准。　显而易见,旅游业距离这些标准相去甚远。这是因为:

第一,旅游业是综合性的产业。它的产业边界很不明确。旅游业并非由同类企业所构成，这些企业的业务或产品自然也不尽相同。内容涉及吃、住、行、游、购、娱等生活的各个方面。行业涉及餐饮、住宿、交通、银行、通信、文化、加工、邮政、文物、宗教、农业、林业、公安、市政、环卫，等等。饭店经营的业务不同于航空公司，旅行社的业务也不同于饭店。诸如此类的情况在旅游业中到处可见。

第二，旅游业的投入和产出被相关行业消解。许多旅游企业的服务对象都不仅限于旅游者或游客。因此，该业务的投入中除了对旅游业务的投入之外，实际上还有一部分是对非旅游业务的投入。例如航空公司的乘客除了外出的游客外，还有大量外出定居就业者。饭店除了主要接待游客之外，也接待本地人的会议、社交娱乐甚至住宿。不要说去测算这两部分投入各自所占的比例，就是把这事实上的两种投入区别开来也是非常困难的。同理，要准确地测算该旅游企业因旅游业务而实现的产出（而不是该企业全部业务的产出）几乎也是不可能的。从宏观上看，旅游并非一个界限分明的产业，其产品由诸多相关的产业或行业共同提供。所以，在测算和确定旅游业的投入和产出时，人们也只能通过对有关的交通运输业、住宿业、饮食业、旅行社行业等产业的投入、产出情况进行调查、分析和综合，从而估算出旅游业的投入和产出。

第三，旅游业是对相关产业的重新组织，产生新的效益。例如饭店企业隶属于传统上早已独立存在的住宿业，航空则隶属于交通运输业，等等。绝大多数旅游企业实际上都隶属于某一传统的标准产业。

或许正是由于这些原因，在世界上绝大多数国家颁布的标准产业分类中，甚至在联合国公布的《国际标准产业分类》中，都没有将旅游业列为单独的立项产业。在我国的《国民经济部门分类标准》中，也没有"旅游业"的字样，而是将与之有关的活动划归"住宅、公用事业和居民生活服务业"一类。所以，经济学家普遍认为，从理论上讲，旅游业不能构成一项标准的产业。

但是，在实践中，旅游业却是一项实际存在着的产业。虽然各国在自己的产业划分标准中将旅游业作为一项产业单独立项，但在本国经济发展规划中都将旅游业纳为其中一项重要内容。在这些国家中，例如西班牙、希腊、意大利等国，旅游业实际上早已成为国民经济中举足轻重的力量。这些事实说明，旅游业作为一项产业，实际上是客观存在的。旅游业不像其他产业那样界限分明的情况同样也是其特点的反映。尽管这些产业或行业的主要业务或产品有所不同，但在涉及旅游方面，它们都有一个共同之处，即便利旅游活动，通过提供各自的产品和服务满足同一旅游者的需要，从而它们的不同产品也就在总体旅游产品的前提下统一了起来。

2. 旅游业的定义

因此，如果要给旅游业下一定义，旅游业就是以旅游者为对象，为其旅游活动创造便利条件并提供其所需要商品和服务的综合性产业。

同其他传统产业的定义相比，旅游业的定义有两点明显的不同之处：第一，这一定义是需求取向的定义，而非供给取向的定义；第二，旅游业作为一项产业，其界定标准是其服务对象，而不是业务或产品。

二、旅游业的构成

1. "三大支柱"说

根据联合国的《国际标准产业分类》，同时在对从事旅游业务的具体部门加以分析的基础上，可以将旅游业划分为三个主要的部分，即旅行社——专门为游客服务的旅游中介行业；交通客运部门——现代旅行必须依赖的旅游交通行业；以旅馆为代表的住宿业部门。属于这三个部门的企业因而也构成了三种类型的旅游企业。在我国，人们通常将旅行社、住宿业和交通运输业称为旅游业的"三大支柱"。

2. "五大部门"说

也有人认为，旅游业是以旅游目的地（主要是国家或地区）为单位来划分的。因而从国家或地区的旅游发展角度来看，旅游业主要由五大部分组成。即除了上述三个组成部分之外，还包括游览场所经营部门和各级旅游管理组织，我们不妨将这种观点称为"五大部门"说。这种观点认为，就一个旅游目的地的旅游业而言，上述五个部分之间存在着共同的目标和不可分割的相互联系，这便是通过吸引、招徕和接待外来旅游者促进旅游目的地的经济发展。虽然其中某些组成部分，如旅游目的地的各级旅游管理组织，不是以直接营利为目的的企业，但它们在促进和扩大商业性经营部门的盈利方面起着重要的支持作用。

实际上，从旅游者的旅游活动（食、住、行、游、购、娱）来看，构成旅游业组成部分的并不仅是上述五项。按照我国目前的情况，旅游业的构成应包括下列各类企业：旅行社、住宿业、餐馆业、交通客运业、游览娱乐行业、旅游用品和纪念品销售行业。各级旅游管理机构和旅游行业组织虽非直接营利企业，但由于前述原因，亦应纳入旅游业的构成之中。

3. 直接和间接旅游企业

所谓直接旅游企业是指有赖于旅游者的存在而生存的企业，其典型代表便是旅行社、交通客运企业和旅馆企业。

那些虽然也为旅游者提供商品和服务，但其主要供应对象并非旅游者，或者说旅游者的存在与否并不危及其生存的企业可称之为间接旅游企业，如餐馆和游览娱乐企业便属此类。

由此我们不难看出，对旅游业构成的一般看法是建立在直接为旅游服务的企业这一基础上的,而较为全面看法的基础则既包括直接旅游企业,也包括间接旅游企业,同时还包括支持发展旅游的各种旅游组织。

三、旅游业的性质

1. 旅游事业与旅游业

(1) 事业,指有明确目标、活动范围、方法手段并能有所作为的人类社会活动的总和。

(2) 旅游事业,就是通过大规模发展消遣性旅游以提高人们社会活动的总和。

从国家的角度来看,推动和促进旅游发展的工作乃是一项有着众多目的的事业,旅游业则不同于旅游事业。二者的区别在于,旅游事业并非以发展经济为唯一目的;而旅游业作为一项经济产业,其根本目的在于通过对旅游的推动、促进和提供便利服务来从中获取经济收入。旅游业的主要构成是各类旅游企业。所谓企业乃是以盈利为目的并需要进行独立核算的经济性组织。同样,由这些企业构成的旅游业也必须进行经济核算。此外,我国也把旅游业列入国民经济的组成部分,而不是将其列为文化产业,所有这些都说明,旅游业从根本上说是一项经济性产业。

(3) 政府主导型的旅游发展战略。当前,我国旅游业的发展坚持"政府主导型的旅游发展战略",政府在整个旅游业的发展过程中起着非常重要的作用。因为:

①旅游业是一体现政府政策的政治性较强的行业。旅游业的活动要接受国家旅游政策的指导,要遵循并有义务贯彻执行国家规定的其他有关方针政策。特别是我国的国际旅游业,需要执行和体现我国的对外政策、侨务政策和战略政策,需要配合改革开放工作宣传有关的方针政策和我国社会主义现代化建设的伟大成就。

②旅游业是一项综合性很强的产业,需要政府的宏观组织与微观协调。尤其是我国实行尚未完全成熟的市场竞争,有些领域尚属于垄断经营,更需要政府发挥作用。

③政府主导不能代替经济规律。不能用政治性较强这一特点去掩盖和混淆旅游业作为经济性产业这一根本性质。

2. 旅游业是经济的跳板和动力

有学者指出,由于旅游在国民经济体系中位于需求一端,从一般意义上来说,不会产生新的供给,只是对生产流程的一个纵向的扩展,对现有的产品体系的一个再组织的过程。在这个过程中,生产活动分成前后相继的两个阶段,在有形生产的基础上拓展无形需求的空间。一旦这种活动脱离了前面一个阶段，成为一个独立的过程，就演变成为一个纯粹的需求因子，不再具有供给的品格和特征，成为吸纳社会需求的消费过程，加大储蓄向投资转化的力度和数额，增大国民经济发展的经济流量。因此，旅游在国民经济中的作用更多地体现在为产业部门搭建跳板，促进社会产品由生产到价值实现的"惊险一跃"，加快从供给到需求的转化过程，是一种经济发展的推动力，一股经济繁荣的促进力量。

这个论述接触到了旅游业的功能和实质。如前文所述，旅游业没有一个明确的产业界限，它是对现有资源和传统产业的有效的整合与组织，使之产生新的能量和价值。但这种价值的实现建立在规模化经济的基础上。作为一种遍及社会诸多领域的大规模的经济活动，旅游业不可能直接建立在零星的消费倾向上，必须要有市场的培育和发展，有一定的消费规模作基础，才能谈到产业化的发展。分散的旅游需求只能产生若干旅游活动，形不成产业发展的规模。只有消费群体形成以后才能构成有效的市场需求，激活产业发展的关节。旅游业在经济发展中的作用恰恰就是对需求的拓展和组织，其根本特征是以一个以市场为中介，对旅游需求和供给要素进行再组织的过程。

四、旅游业的基本特点

旅游业除了具有经济性产业这一根本性质以外，还具有同其他产业不同的特点。

1. 综合性——兼容各种服务功能于一体

旅游业通过提供旅游服务来满足旅游者的需求。一次完整的旅程需要食、住、行、游、娱、购等多方服务。为了满足旅游者的多方面需要，既需要直接的旅游企业，也需要和间接的旅游企业为之服务。这些不同类型的企业按照传统的产业划分标准又分别属于若干相互独立的行业，但满足旅游者的需要这一业务关系的纽带把它们联系到了一起，使它们成为一个新的集合体。认识旅游业的综合性这一特点的意义集中体现在两个方面：

第一，形象一体，利益相关。就一个旅游目的地而言，其旅游业中各个行业的形象都是关联一体的，可谓"一毁俱毁，一荣俱荣"。任何一个行业的滞后或行为失误，都会造成旅游者对该地总体旅游产品的不良评价，旅游地整体形象受损，从而导致客源量的减少，收入减少。只有各相关行业的工作都使旅游者感到满意，该地的旅游业才能兴旺发达。旅游业中各行业应相互支持以及开展联合营销的必要性就在于此。

第二，开发、经营主体的不确定性。各旅游企业所有权的分散性及其为追求各自狭隘利益而各行其是的自由性，使它们之间不存在自动的协调，使旅游地的开发或经营主体不明确，既给旅游者带来不便，也造成管理的矛盾。一个旅游目的地对其旅游业必须实行全行业管理的道理就在于此。

2. 劳动密集型的服务性行业

旅游业属第三产业即服务业。这是因为旅游业的产品主要是为旅游者提供的满足其旅途需要的服务。虽然在旅游产品中包含某些有形产品的因素（如食、购），但就一次完整的旅游活动或旅游经历而言，旅游者对旅游的需求乃是一种为了满足精神上得到享受的要求。谁也不会仅仅为了吃一顿普通的饭菜，为了解决生存需要的吃而不远千里去外出旅游。正是由于这一整体性需要决定了各种旅游企业出售给旅游者的产品在旅游者看来只是对这次旅游的"记忆"，是一次完整的"经历"。因此，从旅游产品总体来看，其价值并不是物化在消费品之中的。因此，用通俗的话说，旅游的消费并不重在消耗，即是此理。这里应当强调的两点是：

第一，"服务"是一种使用价值，而且是一种特殊的使用价值；

第二，"服务"这种使用价值的特点不是表现为物，而是表现为"活劳动"。从旅游服务所生产的消费品来看，其生产服务产品的过程就是提供服务的过程。尽管某些产品如食品饮料表面上为有形产品，但是在为旅游者提供餐饮服务过程中，旅游者对服务过程的满足要求往往大于对物品本身的要求。也就是行业经验所说的"过程重于结果"。

旅游企业多为劳动密集型企业。但有人认为，在旅游业中，只有旅行社可称为劳动密集型企业，而饭店和交通客运企业并非劳动密集型企业。其理由是旅行社的投资较少而雇用的人员多，而饭店和交通客运公司等企业的投资量很大，同投资额相同的其他产业单位相比，未必能造就出较多的直接就业机会。实际上，判定一个企业或行业是否属劳动密集型的标准并非其表面上雇用职工人数的多寡，也不是其投资数额与职工人数的比例大小，而是其工资成本在其全部营业成本和费用中所占比例的高低。由于旅游业的产品是以提供劳务为主的旅游服务，同制造业相比，不存在销售成本或销售成本太少，从而使工资成本在全部营业成本和费用中占据了较高的比重。正是由于这一点，才决定了旅游业作为一劳动密集型行业。

第二节　旅行社

一、旅行社的定义

从行业的角度讲，旅行社应该属于旅行代理业。一方面为旅游接待企业（景区、饭店、旅游商店、旅游交通等）代理营销业务，另一方面也接受旅游者委托而办理的各种旅行手续。所以，旅行社是典型的旅游中介组织（日本称其为"斡旋业"）。从行业工作的特点看，旅行社是为旅游者提供服务的行业，欧美国家称为旅行服务。

为了加强对旅行社的管理，保障旅游者和旅行社的合法权益，1996年10月，国务院正式颁布了《旅行社管理条例》。条例解释旅行社"是指有营利目的，从事旅游业务的企业"。这里所称的旅游业务"是指为旅游者代办出境、入境和签证手续，招徕、接待旅游者，为旅游者安排食宿等有偿服务的经营活动"。所以，按照1996年11月国家旅游局发布的《旅行社管理条例实施细则》，凡是经营上述旅游业务的营利性企业，不论其使用的具体名称是旅游公司，还是旅游服务公司、旅行服务公司、旅游咨询公司等其他称谓，都属于旅行社企业。

二、旅行社的分类

提供与旅游有关的服务是旅行社企业的基本职能，只不过由于各国旅行社行业发展水平和经营环境的不同，世界各国旅行社行业分工的形成机制和具体分工情况存在着较大的差异，这种差异决定了各旅行社企业的经营范围是不同的。因此，人们往往需要将旅行社划分为不同的类型。

（一）外国的旅行社分类

这里所谓外国的旅行社分类主要是指欧美国家对旅行社的分类。在欧美国家中，人们根据旅行社所经营的业务类型，即是经营批发业务还是经营零售业务，将旅行社划分为以下几类。

（1）旅游批发商（Tour Whole Saler）。低价批量预定交通、住宿、旅游设施和景点使用权，并将其组合成整套旅游产品（旅游线路、项目和日程）以包价批发形式出售给旅游经营商。根据法律规定，旅游批发商不与旅游者发生直接关系，既不出售也不从事接待业务。我国目前不存在此类旅行社。

（2）旅游经营商（Tour Operator）。通过自己的零售网点或代理商向公众销售旅游产品的经济组织。它们从旅游批发商中购买旅游产品后，负责组织团队和具体旅游接待服务。根据旅游产品中规定好的日程表，以提供陪同、导游员的服务形式为其经营的基本手段。

（3）旅游代理商（Tour Agent）。是以上旅行社和旅游交通、饭店等企业向旅游者销售旅游产品、交通票据、预定客房等的中介组织。主要工作是负责旅游宣传、推销和旅行服务。旅行代理商的具体零售业务包括：

①为潜在旅游者提供有关旅游点、客运班次、旅游公司产品及旅游目的地情况的咨询，等等；

②代客预订（交通、食宿及游览和娱乐门票等）；
③售发旅行票据和证件；
④陈列并散发有关旅游企业的旅游宣传品；
⑤向有关旅游企业反映顾客意见。

旅游代理商提供的服务是不向顾客收费的，其主要收入来自被代理企业支付的佣金。

以上只是对以欧美国家为代表的世界上多数国家中旅行社类型的基本划分。实际上，有不少旅行社既经营批发业务，也从事零售业务。托马斯·库克公司便是其中的典型代表。

（二）我国的旅行社分类

我国的旅行社分类不同于欧美国家。在1996年以前，我国曾将旅行社划分为三类，即一类旅行社、二类旅行社和三类旅行社。根据有关规定，一类旅行社的经营范围是从事对外招徕和接待海外游客来大陆旅游；二类旅行社的经营范围是从事接待由一类旅行社和其他涉外部门组织来华的海外游客；三类旅行社只能经营国内旅游业务。

随着1996年我国《旅行社管理条例》（简称《条例》）的颁布，我国对旅行社的分类作了新的调整。《条例》中按照不同旅行社的经营范围，将我国的旅行社划定为两类，一类是国际旅行社，另一类是国内旅行社。

（1）国际旅行社。

国际旅行社的经营范围包括入境旅游业务、出境旅游业务和国内旅游业务。具体业务内容包括：

①招徕外国旅游者来中国，为其安排交通、游览、住宿、饮食、购物、娱及提供导游等相关服务；
②招徕我国旅游者在国内旅游，为其安排交通、游览、住宿、饮食、购物、娱乐及提供导游等相关服务；
③经国家旅游局批准，招徕、组织我国境内居民到规定的与我国接壤的边境地区旅游，为其安排领队及委托接待服务；
④经国家旅游局批准，招徕我国居民到外国和我国港澳台地区旅游，为其安排领队及委托接待服务；
⑤经批准，接受旅游者委托，为旅游者代办入境、出境及签证手续；
⑥为旅游者代购、代订国内外交通客票、提供行李服务；
⑦其他经国家旅游局规定的旅游业务。

（2）国内旅行社。

国内旅行社的经营范围仅限于国内旅游业务。具体业务内容包括：

①招徕我国旅游者在国内旅游，为其安排交通、游览、住宿、饮食、购物、娱乐及提供导游等相关服务；

②为我国旅游者代购、代订国内交通客票，提供行李服务；

③其他经国家旅游局规定的与国内旅游有关的业务。

我国旅行社类别的划分是出于国家对旅游业行使宏观管理、确保旅游接待质量的目的而作出的规定，而不是根据各旅行社在业务方面的自然分工所进行的归纳。实际上，除了在业务内容是否涉外方面有所不同外，各类旅行社的业务职能并无根本区别。同欧美国家的旅行社相比，我国的旅行社既经营"批发"业务，也经营零售业务。在批发业务方面，我国的旅行社同欧美国家中的旅行社并无大的不同；都是设计和组织产品、形成旅游线路，并在产品成本的基础上适当加价推出销售。但在零售业务，特别是在代理预定方面，我国的旅行社同很多外国的旅行社都有差异。主要表现在我国旅行社在代理这类业务中，多是向顾客收取手续费而一般不向被代理企业收取代理佣金。

三、旅行社在旅游业中的作用

旅行社在旅游业中的主要作用表现在以下几个方面：

第一，旅行社是旅游活动的组织者，旅行社不直接承担"生产"旅游产品的任务，但它把各地各类的旅游产品和产品要素组合成多种多样的形式，适应不同游客多样化的需求。其具体工作内容就是编排日程计划，组合成路线产品的形式供游客选择和消费。从旅游者需求角度来看，特别是对团体旅游而言，旅行社发挥着旅游活动组织者的作用。这种组织作用是从托马斯·库克开始的。以团队出游为主要形式的现代大众旅游的迅速发展，同旅行社这种组织作用的推动是分不开的。人们只要选定旅游目的地，其他一切活动皆可由旅行社负责组织安排。因此，使用旅行社的旅游服务，参加由旅行社组织的旅游已成为现代大众旅游者外出旅游，特别是外出作国际旅游的常规化模式。此外，旅行社在将自己组织的包价旅游项目及线路出售给顾客之后，并不意味着组织工作的完成。旅游者旅游活动的开展以及各有关旅游企业之间的联系衔接，仍有赖于旅行社进行组织和协调。因此，旅行社不仅为旅游者组织旅游活动，而且在旅游业各组织部门之间起着组织和协调的作用。

第二，旅行社是旅游者与旅游目的地之间联系的中介者。旅行社是旅游地和游客市场之间联系的桥梁。它了解和传导信息，沟通旅游地与客源市场的相互了解，为游客提供咨询，反馈市场变化动态，拉近了旅游地和游客市场的距离，完成了供给与需求之间平稳的对接，促进了旅游市场的活跃与繁荣。作为旅游活动的组织者，旅行社同旅游业其他各部门也有密切的联系，应及时、准确、全面地将旅游目的地各相关部门或企业最新的发展和变化情况传递到旅游市场去，以便于并促进购买者购买。作为旅游产品的重要销售渠道，旅行社始终处于旅游市场的最前沿，并首先直接同旅游者接触，熟知旅游者的需求变化和市场动态，这些信息若能及时提供给各相关部门或企业，会对他们的经营管理起到指导作用。

第三，旅行社是旅游产品的销售者。由于旅游活动的"异地性"特征，旅游地产品很难直接地对游客销售。旅行社身处游客市场所在地，对游客的需求把握比较准确，对市场比较敏感。它们的促销是旅游销售最重要的形式。旅游业中的交通运输部门、以旅馆为表达的住宿业部门以及其他旅游服务部门虽然也直接向旅游大众出售自己的产品，但其相当数量的产品都是通过旅行社销售给旅游者的。在现代大众旅游的情况下，旅游产品各组成部分的生产者经常不直接与消费者发生购销接触，而是通过旅行社这一中间媒介完成销售工作。远在他乡的潜在旅游者则可通过旅行社了解和购买旅游目的地的各项旅游产品。因此，旅行社不仅在客源地与目的地之间架起联系的桥梁，而且也为目的地旅游产品生产者沟通了销售渠道。

正是由于旅行社在了解需求及指导供给方面的重要作用，决定了旅行社是旅游业中的前锋。

四、旅行社的业务

旅行社的业务，根据旅游者的组织形式不同，可以分为组织接待团体旅游和安排接待散客旅游两种形式；根据旅游产品所包含的内容不同，可以分为全包价旅游、部分包价旅游以及提供单项旅游服务等几方面业务内容。

（一）团体旅游业务

1. 团体旅游

按照国际惯例，所谓团体旅游指参加旅游的旅游者至少为 15 人的旅游团。一般而言，团体旅游都选择包价形式的旅游产品。

2. 包价旅游

包价旅游的概念始于综合包价旅游，即我国旅行社业内人士所称的全包价旅游。

（1）综合包价旅游。综合包价旅游指旅行社经过事先计划、组织和编排活动项目，向旅游大众推出的包揽一切有关服务工作的旅游形式。一般规定旅游的日程、目的地、交通、住宿、饮食、游览的具体地点及服务等级和各处旅游活动的安排，并以总价格的形式一次性地收取费用。在西方国家，人们称这种综合包价旅游为"Package Tour"或"Inclusive Tour"。前者最初主要指有关旅游活动项目方面的集合包揽；后者则强调费用方面的全包价格。但目前这两种说法已经通用，不再有实际意义上的区别。

（2）综合包价旅游的由来。早在托马斯·库克首次组织团体出国旅游的活动中，便已蕴涵有包价旅游的初步概念。但是实际真正第一次提出包价旅游这一概念的是英国的"劳动者旅行协会"。1922年5月，该协会组织旅行团去法国诺曼底旅游时，明确提出的名称便是"包价度假"（All-in-Holiday），即价格中包括了行、宿、食、游有关的一切费用，历时一周者每人收费5英镑，历时两周者每人收费8英镑。

（3）综合包价旅游的内容。20世纪60年代中期大众旅游兴起以来，团体包价旅游迅速发展普及。目前，我国旅行社接待的入境旅游以及所组织的我国居民出境旅游，大都是团体包价旅游。我国从事国内旅游业务的旅行社在组织人们外出旅游时也都采用了包价的形式。团体包价旅游的服务项目通常包括依照规定等级提供饭店客房、一日三餐和饮食、固定的市内游览用车、翻译导游服务、交通集散地接送服务、每人20公斤的行李服务以及游览场所门票和文娱活动入场券等。

（4）综合包价旅游普及的原因。团体包价旅游之所以能够迅速普及和发展，从旅游者需求方面来看，主要出于两个原因：第一，它们所提供的全程活动安排使旅游者感到安全，可以免除旅游者的一切后顾之忧；第二，由于组织这种旅游的旅行社是成批购买旅游床位、交通客票及其他旅游供应产品，因而在价格上享有优惠折扣。旅游者自己安排的旅游无论如何赶不上旅行社提供的包价便宜。从旅行社供给方面来看，则主要是由于包价旅游产品便于实行批量生产，可以提高工作效率，从而有利于旅行社扩大经营。

（5）综合包价旅游的发展。随着时间的推移和市场需求的变化，包价旅游的概念和旅行社组织包价旅游的做法也有了新的发展。目前，在包价的内容方面，实际上并非所有的包价旅游都将旅行全程的食、宿、行、游等包括在内。例如，有的包价旅游只包括交通和食宿，有的在每日餐食中只包括其中的一餐，另外也有只包括交通的情况，等等。这是我国旅行社业内人士所称的小包价旅游。目前，这种小包价旅游在我国包括的主要服务项目是：

①从国内出发到目的地的交通；
②在目的地的住宿；
③在目的地期间的早餐。

而导游、风味餐、节目欣赏和参观游览等项目旅游者可根据时间、兴趣和经济情况自由选择。

总之，根据使需要及包价产品对市场的吸引力，包价产品的内容可以灵活设计。但下列内容一般均不在包价范围之列：

①旅游证件的登记费和手续费；
②意外事故保险费；
③机场税；
④行李保险费；
⑤行李超重费；
⑥计划外的旅游项目和私人花费。

（二）散客旅游业务

1. 什么是散客旅游业务

散客是相对于团体而言的，主要指个人、家庭及 15 人以下的自行结伴旅游者。散客旅游者通常只委托旅行社购买单项旅游产品或旅游线路产品中的部分项目。但实际上，有些旅游散客也委托旅行社为其专门组织一套综合旅游产品。例如有的散客要求有关旅行社为其安排一整套全程旅游；有的则根据自己的意愿和兴趣，提出自己的旅游线路、活动项目及食宿交通的方式和等级，要求旅行社据此协助安排；有的则要求旅行社提供部分服务，例如要求提供交通食宿安排，而不需要其他服务，等等。所以，在一定意义上，他们所购买的也是一种包价旅游。同一般包价旅游所不同的是，这里要求旅社所包的是旅游活动项目内容的安排，而不是总体价格，因而对于具体的项目安排协商定价。所以，散客旅游的费用要比同样内容的团体包价旅游贵。

2. 接待散客是旅游地接待条件成熟的重要标志

接待散客旅游者人数的多少是一个旅游目的地的接待条件成熟程度的重要标志。因为同团体游客相比，散客数量的增长通常要求该目的地的接待条件更加完备和更加便利。近些年来，世界上散客旅游正呈现出一种逐渐扩大的发展趋势。在来华旅游的海外游客中，散客的数量也有了很大的增长。这主要是因为散客旅游在内容上选择余地较大，旅游活动比较自由，不像团体旅游那样受固定安排的限制，能满足旅游者的个性化需求。特别是在旧地重游或者掌握了旅游目的地基本信息的情况下，由于人们已对该目的地的情况有所熟悉，因而更乐于自由自在地独来独往。总之，散客旅游的兴起是旅游者心理需求个性化、国际旅游者旅游经验意趣丰富和信息与科技的推动等因素综合作用的结果。在我国，由于目前交通状况、语言障碍和信息网络等方面的原因，可能会在一段时间内滞后于世界散客旅游的发展水平，但散客旅游作为一种发展趋势却是不容置疑的。

目前，我国旅行社业务中的选择旅游和委托代办业务就是主要针对散客的需要开办的。所谓选择旅游是指旅行社将到访地的众多散客临时组合成团去某一目的地旅游，再根据每个人要求提供的项目分别计价和收费。这种临时组成的团体到达该目的地后，便自行解散，不复成团。在委托代办业务方面，目前承办的委托业务包括：

（1）当地委托，即客人抵达目的地后有关预订房间、租雇车辆、提供翻译导游等服务项目的委托；

（2）单项委托，即客人提出某种服务项目的委托；

（3）联程委托，即游客一次性地在出发点提出按时抵离几个地方的旅行服务要求；

（4）国际委托，即游客出国或途经某个国家所需要提供的旅行服务；

（5）电报、电话、函件联系的有关问讯和委托代办的业务。

代办业务则主要是根据客人的要求，提供翻译、导游、代定旅馆房间、代租汽车、代办旅游签证、代购各种票据，以及机场、车站、码头抵离接送等服务项目。

五、我国旅行社的发展现状

尽管我国旅行社的起步最早可追溯到20世纪20年代，但旅行社成为一个具有一定规模的经济行业，却是1978年我国实行改革开放之后的事了。1978年以前，我国仅有两家以政治接待为主的旅行社——中国国际旅行社和中国旅行社，它们既不足以构成一个行业，也不具备企业性质。经过20年的发展，我国旅行社业不仅成为一个具有一定规模的经济行业，而且在旅游业中的地位也得到了广泛的认可。根据国家旅游局的数据，截至2016年年末，全国纳入统计范围的旅行社共有27 939家，全国旅行社资产总额1 277.9亿元，各类旅行社共实现营业收入4 643.1亿元，上缴营业税金及附加10.4亿元。2016年实现旅游业总收入4.69万亿元。全年全国旅游业对GDP的综合贡献为8.19万亿元，占GDP总量的11.01%值得注意的是，在我国旅行社业蓬勃发展的同时，也出现了许多问题，突出表现为市场秩序的混乱。这一现象的背后存在着许多原因，如宏观环境制约、体制改革步伐落后以及行业管理执法力度不够等外部原因，但更为主要的原因在于旅行社自身还存在着自我改进与发展的巨大空间。

首先，旅行社业呼唤新的经营格局。我国旅行社业的经营一直采取以人为市场分割为特征的水平分工体系，各旅行社除了在目标市场方面有所不同之外，在业务上则是从产品开发到组团乃至接待全方位出击，并无批发、零售的主营差异。所以面对同一目标市场开展价格竞争，违规经营屡有发生，从而导致了整个行业市场的混乱。这一问题已引起了政府、企业以及学术界的普遍关注，业界人士呼唤旅游行业规范化的经营格局早日出现。

其次，旅行社业呼唤现代市场营销观念。长期以来，我国旅行社业产品形成了团体、全包价、文化观光旅游一统天下的局面。这类旅游产品对于新时期的旅游者而言，已不再像以前那样具有吸引力。这一情况说明许多旅行社开发旅游产品时，不仅没有进行市场调研、市场细分，也没有选择一定的目标市场，更不会有针对性地设计旅游产品，开展市场营销。实践证明，缺乏产品创新意识、缺乏现代市场营销观念的旅行社终将被市场所淘汰。

最后，旅行社业呼唤科学的经营与管理。我国加入世界贸易组织，使我国旅行社业面临更加严峻的挑战与考验，科学的管理方式必将成为参加国际竞争的一个重要武器。而目前，我国旅行社普遍存在着内部管理较散，业务运行中的科技含量还远远不够等问题。例如，有些旅行社在组织管理中出现了承包责任制，形成了同一个旅行社中不同承包者之间相互竞争的关系，使旅行社的内部管理混乱，同时助长了行业不正之风。在科技运用方面，德国100%的旅行社已经加入到计算机预订系统（CRS）中去，而我国使用中国民航CRS系统的旅行社还远没有普及，而使用国际著名的 CRS 系统的，如 SABRE、APOLLO 则更少，同时运用计算机软件处理营销、财务、信息等事务的办公自动化程度也很低。随着互联网技术的飞速发展，旅游业电子商务化运作模式将得到发展。此外，网络技术为旅行社业发展带来了新的机遇，而我国虽然很多旅行社具有独立域名，但只是用于企业的宣传和营销，远未真正达到电子商务。

第三节　住宿业

住宿业是利用住宿场地和设施设备，以生活服务的方式向需要临时投宿的旅行者提供休息环境与安全保障的接待组织。进入大众旅游时代，住宿业已基本具备全方位地向人们提供得以进行高消费的综合服务的功能。尽管饭店在旅游业乃至整个社会经济中的地位和作用十分突出，但从直接旅游企业角度讲，构成旅游业第二大支柱的产业乃是住宿业，饭店只是住宿业中的一种企业类型。

一、住宿业的性质

欧美国家的住宿业从规模上被分为 Hotel 和 Motel（含 Inn）两大类。Hotel 多为具有综合服务设施的城市高层建筑，Motel 规模相对小些。在我国，常见的住宿业称呼有饭店、酒店、旅馆、旅店、旅社、客栈、宾馆、招待所等。它们的共同功能都是接待临时投宿客人的场所。我国通常将高档住宿业称为饭店、酒店、宾馆，其余的称呼属于低档次的住宿业。

住宿业的历史源远流长。美国的詹姆斯·R·恺萨在《旅游饭店管理》中说："在古代，旅游者的安全仰仗上帝保佑，而食物、饮料和住宿都要就地解决。由于旅游需要住宿的地方，于是，住宿业被称为世界第二古老的行业。"住宿业是随着旅行和旅游的发展而不断演进的,尤其是旅行方式的变化对住宿业的发展起到至关重要的作用。就世界范围看,大约到19世纪中叶为止,大多数外出旅行皆出于与商务有关的原因,而且一般都是在国境内的陆路旅行。参加旅行的人数较少,仅占国内人口很小一部分。在旅行方式上绝大多数外出者都是徒步或乘公共马车旅行。所以,直至19世纪中叶,分布在大道沿线和主要城镇中的客栈或客店（Inn）及类似的投宿场所一直是主要的食宿接待设施,这在一定程度上反映了当时的市场规模和需求层次。

以"饭店"为称谓的住宿接待设施早在18世纪中叶便已开始出现,但直到19世纪中叶以后才真正得到发展。在19世纪中叶到20世纪中叶这一期间,饭店（Hotel）及宾馆（Guest House）开始在住宿业中占据主要地位。在这段时间内,因商务以外的原因而外出的旅游的人数不断增多,旅游度假逐渐成为人们外出的主要原因。同期,铁路和轮船成为交通客运的主要手段。也就是说,只有当铁路和轮船的问世开辟出广大的旅行市场后,饭店数量的增加和饭店规模的扩大才成为可能。

"二战"后科学技术和社会经济得到了大发展,汽车日益成为客运交通的主要工具之一,飞机也取代了火车、轮船,成为远程旅行的主要工具。这些都推动了旅游市场规模的扩大和需求层次的提高。特别是大众旅游市场形成之后,饭店无论是在数量上还是在质量上都得到了迅速的发展和提升。与此同时,饭店也不断面临新出现的其他类型食宿接待设施的竞争,如度假村、野营营地、青年旅馆等。为了巩固在竞争中的地位,饭店的设立不再仅仅是为旅行者提供商业性食宿接待服务的场所,其功能的扩展和服务项目的增多使其日益成为旅游者及当地社会的重要社交中心,其建造、经营与管理也已成为专业化的活动。目前,各饭店经营管理的专业化程度不断提高,饭店的数量和规模也有了很大的发展,成为当今世界旅游业中具有代表性的中坚力量。

我国的驿、舍、旅店、逆等都是古代的住宿业。19世纪到20世纪中叶,饭店（Hotel）和宾馆（Guest House）开始在住宿业中占主流。现代饭店已经远非传统意义上的食宿接待设施,而是一种不断现代化、专业化、高标准化的商业综合接待企业。

二、住宿业的作用

（一）住宿业是为旅游者提供住宿、娱乐环境的服务基地

旅游者将饭店当作临时的家,占每日的一半时间以上（睡、吃、憩、娱乐）,需综合服务。饭店应尽可能满足客人的各方面的要求,是旅游业的主要服务基地。现代人对旅游消费的要求日益提高,对饭店业的服务提出了更高的要

求。如住宿的多样化的要求（汽车饭店、青年饭店、家庭饭店、商务饭店等）、多功能要求（商务中心、会议中心、健身中心、疗养中心、康乐中心等）、多层次的要求（经济型饭店、标准饭店、豪华饭店等）。

（二）住宿业是人们社交的重要场所

住宿业尤其是饭店、宾馆是一个地区或城市对外交往、社交活动的重要场所，是当地的社交中心。饭店的功能扩大，不仅仅满足纯粹旅游者的要求，还能满足商务客人和当地居民的要求（住店客人和非住店客人）。饭店为各方面的公众提供了商务、会议、娱乐、休憩、疗养、康乐的多样化公共空间，成为社会交往的重要场所。

（三）住宿业的建设是接待能力的重要标志

饭店是洽谈业务、举行会议、开展文娱活动等社会经济活动的重要场所。国家和地区要开展对外开放和交流，就必须把饭店建设放在重要的地位。因而，许多国家和地区特别是注重对外交流和开放的国家和地区，在考虑旅游业乃至整个国民经济的发展规划时，都把饭店的建设放在重要的地位。从这个意义上来说，饭店的数量（客房数、床位数）、设施设备、服务项目、服务质量的水平等是衡量一个国家、地区旅游发展水平的重要尺度。

（四）住宿业是旅游收入的重要渠道

住宿业是地区旅游经济的主要收入来源。2016年，国内旅游收入3.9万亿元，住宿企业经营收入5307.5亿元，我国住宿业方面的收入占国内旅游收入的13.6%。它还对旅游事业的发展起到积极的推动作用。因为：

（1）住宿业是多种社会产品的直接消费者。设施设备和生活消费品的大量购置，易耗品的大量消耗，能源的大量消耗，客观上引导和刺激了生产，活跃了市场。

（2）促动内需，诱导消费。饭店是一个地区消费档次的象征，引导着消费的时尚，刺激着消费的欲望。

（3）扩大地方经济建设资金来源渠道。饭店的创汇和增收，拓宽了资金来源渠道。

（五）住宿业是就业机会的重要提供者

饭店和其他服务行业一样，提供的产品就是劳务服务，是典型的劳动密集型行业，需要大量的服务人员就业。饭店的明确分工，需要大量的间接服务岗位为其提供服务支撑。如厨房、维修、洗衣、保卫、易耗品等。因此，饭店的建造、经营和消费为当地提供了大量劳务机会。饭店是地区发展和创造就业机会的重要促进者。

三、住宿业的类型

饭店的类型很多,但目前对住宿业的划分并无统一的标准。综合人们对住宿业类型的分类称谓,现可以见到的划分标准如表 5.1 所示:

表 5.1 住宿业的类型

划分标准	类型
地理环境	城市饭店、景区饭店、乡村旅社、交通饭店等
功能和客人构成	商业饭店、会议饭店、旅游饭店、度假村等
规模	大型、中型、小型
档次	豪华饭店、高档、中档、低档饭店/一至五星级饭店
营业时间	全年营业和季节性营业
经营管理方式	独立饭店、连锁饭店
饭店的经营类型	国有饭店、外资饭店、合资饭店
其他	不完全意义上的住宿业

四、住宿业的等级

(一)划分等级的社会作用

(1) 明示产品档次,方便游客选择。宾馆、饭店划分等级,拉开档次,是为了满足不同层次市场消费的需要,是适应旅游需求多元化的形势。

(2) 承诺质量保证,便于游客监督。旅游消费有"即时性"的特征。事先不能"试用",也不能预见。划分等级,不同层次,不同档次的住宿业有不同的质量标准和要求。这种标准就是一种承诺,让顾客消费前心里有数,踏实消费。

(3) 控制服务质量,维护旅游形象。有了质量标准,管理就有了依据。控制好了旅游服务质量,对一个旅游地区的形象维护和对外宣传无疑是有效的保障。

(4) 区别质量标准,明确责任范围。前文所述,旅游业的综合性有"一毁俱损,一荣俱荣"的特征。住宿业划分等级,拉开档次以后,不同等级的宾馆饭店就会用不同的标准去衡量它。这对于分层次管理,明确责任范围有实践的可操作性。

(二)各国划分饭店等级的情况

为了控制国家饭店产品的质量,维护国家作为旅游目的地的对外形象和保护消费者的利益,各国都很重视饭店等级的评定标准。在一些资本主义发达国家中,由于社会政治经济制度的原因,饭店的等级一般由饭店行业组织或由消费者的代表进行评定。在社会主义国家和很多发展中国家中,由于其饭店多为国有企业,加之国家旅游组织多为政府部门,直接干预旅游业的权力较大,所以多由国家旅游组织负责组织对饭店的分等定级工作。

(1)等级不一。各国对饭店等级的划分不一,有的划分为四个,有的划分为五个,等等。

(2)表达有异。在饭店等级的表示方法方面,有的以星号,有的用"钻"的多少表示,有的以数字或其他符号表示,但较为流行的划分和标定方式是以星号(★),即一、二、三、四、五星,五个等级。不采用星号标定饭店等级的国家在将本国饭店与国际上的饭店进行比较时,也往往说明大致相当于几星级。按星级划分饭店等级的一般如表5.2所示。

表5.2 饭店等级星级划分标准

星级	一般划分标准(设施设备、服务项目与质量)
★	设备简单,提供食、宿两项最基本的饭店产品,能满足客人最基本的旅游需要,设施和服务标准符合国际流行的基本水平
★★	设备一般,除食宿基本设施外,还设有简单的小卖部、邮电、理发等便利设施,服务质量较好
★★★	设备齐全,有多种综合服务设施,服务质量较高
★★★★	设备豪华,服务设施完善,服务项目健全,服务质量优秀
★★★★★	这是饭店的最高等级,其设备、设施、服务项目设置和服务质量均为世界饭店业的最高水平

表5.2所示的只是人们对饭店星级标准的一般性划分。实际上,在对饭店评定等级时,各国在饭店的建筑、客房面积、设施设备条件、管理水平、服务项目和服务质量等具体方面都另有详细而明确的规定。但总的来说,考核一个饭店的等级时需要从其"硬件"(设施设备)、"软件"(服务和质量)以及顾客满意程度等多方面同时评定。其中一般包括:

①设施和设备;
②服务项目;
③服务质量;
④顾客满意程度;
⑤外界的印象。

(三)住宿业划分等级的原则

饭店等级的评定工作一般实行以下几条原则:

（1）参加等级评定的饭店必须要有一年以上的营业历史；

（2）一个饭店的等级应经过多次调查后才能评定；

（3）饭店等级的高低通常不受规模大小的限制；

（4）评定后的等级并非永久不变，根据对其执行标准的检查结果，可予更改。

我国对涉外饭店的星级评定工作始于1988年。具体做法是根据国家旅游局制订的《中华人民共和国旅游（涉外）饭店星级标准》，对饭店的规模、装潢、设备、设施条件和维修保养状况、管理水平和服务质量的高低、服务项目的多寡等进行全方面的考核，综合平衡后按等级划分。国家旅游局设饭店星级评定机构，负责全国涉外饭店星级评定领导工作，并具体负责评定全国三、四、五星级饭店。各省、自治区和直辖市旅游局亦设评定机构，在国家旅游局领导下，负责本地区涉外饭店的星级评定工作，并具体负责评定本地区内一星和二星级饭店，评定结果报国家旅游局备案；对本地区内三星级饭店进行初评后，报国家旅游局确认，并负责向国家旅游局饭店星级评定机构推荐四星、五星级饭店。

第四节　旅游交通

对旅游者来说，交通运输的直接作用是代步和代运随身行李物品。旅游交通是指旅游者在暂时逗留地和旅游活动地点之间的往返运输。它既是旅游者"抵达目的地的手段，同时也是目的地内活动往来的手段"。旅游者借助公共交通从长住地到达旅游目的地，再借助旅游交通到达具体的旅游地点。就完整的旅游活动来说，无论是公共交通还是旅游交通，都承担着运送旅游者的任务。因此，在研究旅游业的时候，往往把公共交通综合到一起考虑。

一、旅游交通在旅游业中的作用

交通运输对旅游业的发展有十分重要的意义。旅游发展的历史和实践雄辩地表明，它的发展与交通运输的发展有十分密切的联系。这里，我们没有必要去争论是交通运输的发展推动了旅游业的发展，还是旅游业的发展推动了交通运输的发展，因为正像人们指出的那样，这种争论乃是一种"鸡"与"蛋"孰先存在的争论。实际上，旅游的发展与交通运输的发展两者之间是相互制约并相互促进的。现代旅游之所以会有今天这样的规模，其活动范围之所以会扩大到世界各地，一个重要原因便是由于现代交通运输的发展。

旅游交通的作用表现在：

第一，从需求方面看，旅游交通是旅游者完成旅游的先决条件。旅游者在外出旅游时，首先要解决从居住地到目的地的空间转移问题，通过采用适当的方式抵达旅游地点。同时，采用不同旅行方式所耗费的时间，也是需要考虑和解决的问题。旅游者可用于闲暇的时间总是有限的，如果克服空间距离所占用的时间超过一定的限度，旅游者则会改变对旅游目的地的选择，甚至会取消旅游计划。大众旅游是以现代交通业的发达为基础产生的。大众旅游区别于古代科考、商业、游学、现代探险旅游，它需要安全、快捷、大载量的现代运输工具的基础支撑。所以，从需求方面看，旅游交通是旅游者完成旅游活动的先决条件。

第二，从供给方面来看，旅游交通则是发展旅游业的命脉。旅游业是依赖旅游者来访而生存和发展的产业。只有旅游者能够光临，旅游业的各类设施和服务才能真正发挥作用，才能实现它们的使用价值和价值；只有在旅游目的地的可进入性使旅游者能够大量地、经常地前来访问的情况下，该地的旅游业才会有发展和扩大的可能。所以，可进入性程度是旅游业发展的重要条件；景区内交通的快捷方便可提高景区的吸引力和档次

第三，交通运输业作为旅游业的重要组成部分之一，本身也是旅游收入和创汇的重要来源。就国内旅游而言，在任何国家的国内旅游收入中，旅游交通运输收入都占有相当的比重。例如2000年美国国内旅游收入共7 925亿美元，其中旅游交通收入约占62%。我国目前对国内旅游收入虽无确切的统计，但根据目前国内的旅游消费水平可以看出，旅游交通运输收入在全部国内旅游收入中的比例可能会更高。从国际旅游业务来看，根据2015年《中国旅游统计年鉴》公布的资料，2014年我国国际旅游外汇总收入为1 053.8亿美元，海外来华的旅游者在华消费构成中，用于长途交通和市内交通的消费约占37.2%。其中来自长途交通的外汇收入为362.50亿美元，占当年旅游外汇收入总额的34.4%；来自市内交通服务的外汇收入为29.50亿美元，占当年旅游外汇收入总额的2.8%。

第四，旅行（交通）在旅游经历中是不可忽视的重要内容（形式）。旅游讲究"旅速游缓"，但也不得不考虑相当比例时间的"旅途"的质量。故旅游交通比普通交通讲究。（星级游船、进口车、双卧车）。另外，旅游地的运输（载人）工具比普通交通工具丰富（高空索道、缆车、索桥、滑道、骑马、坐轿、森林火车），也是旅游经历中的重要部分，应精心安排。

由于统计一个国家或地区的国际旅游收入时一般不包括旅游者从定居地到目的地的国际往返交通费，所以如果从旅游者一次旅游的全部消费构成来看，交通费用在其中所占的比重也就更大了。据有关部门调查，欧美游客来我国旅游，其交通费用的支出要占其来华旅游全部费用的一半以上。

二、现代旅游交通的主要形式

(一) 汽车

1. 自驾车

乘汽车外出旅游包括乘自驾车和旅游公共汽车两种。由于自驾车外出度假灵活方便、行止自由,并且可使家庭外出旅游的交通费用相对下降,特别是人们往往只注意到私人小汽车旅行的直接费用,而不顾及磨损、折旧之类的间接费用。而且,自行驾车旅游还有其他一些优点,例如容易携带行李和娱乐器具,可以观赏沿途风光,等等,因而在欧美国家中,人们普遍喜欢自己驱车在国内旅游。针对人们喜欢自己驾车旅游这一特点,许多国家的旅游业也设置了相应的业务来迎合这一市场的需要。其中包括:

组织自驾车的包价旅游(自驾车路线);

租车业务;

铁路、飞机、轮船等联运业务,让游客连同其汽车一起运送到度假目的地;

自驾车服务/沿公路发展适应市场需要的汽车旅馆、咖啡厅和餐馆等中转服务和休息设施。

游客自己驾车旅游的发展,不可避免地也带来一些值得注意的不利问题,主要是旅游地的拥挤和污染问题。度假区和风景区由于地皮的限制,不可能无限制地扩大停车场及道路设施,否则便会影响或破坏景观,并会造成环境污染。目前世界上很多旅游热点地区对此采取了控制措施,要求驾车旅游者把自己的车辆停在游览区以外的规定地点,然后乘公共运输工具进入游览区。

2. 旅游客运

在旅游客运服务方面,由于汽车客运比其他运输方式的运营成本较低,因而在很多国家中,汽车客运服务的价格较为低廉,特别是汽车旅游公司的客运价格更是如此。更重要的是,在旅游公司利用汽车组织包价旅游的情况下,公司可派车接送游客,十分方便,从而克服了行李和转车的问题。在乘车旅游过程中,除旅游公司专派陪同和导游人员外,通常情况往往都是由汽车司机兼任导游工作。所以汽车包价旅游不仅是受老年市场欢迎的旅游形式,而且也吸引着越来越多消费层次较低的旅游者,特别是青年学生。

然而就一般的长途客运服务而言,大部分国家的汽车公司活动范围都很有限。从国际上看,美国的全球性汽车客运经营公司较多,有名的灰狗汽车公司和大陆汽车公司已建立起纵横美国大陆的庞大线路网,并且包括经营通往加拿大和墨西哥的汽车客运服务。但人们一般认为乘汽车外出旅游的距离过长,最好不超过两小时的旅行路程,否则便会使人感到不舒服。尽管汽车公司采取了很多措施，例如改进座位的舒适性，在长途汽车上增设厕所等设施，但人们对乘汽车旅行的传统看法仍未完全消除。

（二）飞机

航空旅行的主要优点是快速和舒适，尤其适用于远程旅行。作为现代大众旅游的主要旅行方式之一，航空客运主要分定期航班服务和包机服务两种。定期航班服务的最大特点是运营经常而有保证，旅行省时而抵达迅速。因此，它不但能够吸引重视效率的商务旅游者，而且为那些不愿在旅途上耗费时间和精力的消遣旅游者所欢迎。然而，由于成本方面的原因，定期航班也是最昂贵的交通方式。

包机服务是一种不定期的航空包乘服务业务。包机业务有一定的经营优势。主要表现在：

票价较低廉，因而对市场的吸引力较大；

不必按固定的时间表起飞（时间自由），一般也没有固定的经营航线。

总之，就远程旅游而言，航空旅行是比较经济的，特别是考虑到时间问题时，更是如此。但航空旅行也有其不足之处，这主要表现在它只能完成从点到点的旅行，而不能展开面上的旅行。因此它必须同其他交通运输工具相配合才能提供完整的旅游交通服务。随着经济全球化的发展，这些交通运输公司以此为发展机会，正在努力通过各种可能的整合途径，开展联运业务，解决这方面的问题。

（三）火车

铁路客运具有很多其他交通客运方式所不具备的优点，主要包括：运载能力大、票价低廉、在乘客心目中安全性较强、途中可沿途观赏风景、乘客能够在车厢内自由走动和放松、途中不会遇到交通堵塞以及对环境的污染较小，等等。因而，铁路运输无论是对于社会还是对于旅游者仍有其吸引力。此外，目前世界上不少地区的铁路客运与其说是交通客运服务，不如说是观光游览项目。很多人乘坐火车主要是对火车本身感兴趣，而不是为了解决交通问题，例如有些铁路公司在沿途景观优美的线路上重新采用蒸汽机；有的更是利用铁路组织专项服务，例如印度推出的"流动宫殿"游，南非推出的"蓝色列车"游，以及横贯欧洲的古老东方快车的复兴，都说明这类列车已主要不是作为交通运输手段而已，而是已成为特定的旅游项目或旅游内容。我国大同、沈阳等地铁路部门搞的蒸汽机车展览馆，更是这种项目的典型。

（四）轮船

轮船客运业务主要可划分为四种，即远程定期班轮服务、海上短程渡轮服务、游船服务和内河客运服务。在远洋客运交通衰落的同时，作为度假形式的海上巡游开始发展起来。海上巡游业的出现可上溯到第二次世界大战之前，当时有的海运公司在冬季客运业务不大时,便去加勒比海域开展海上巡游度假业务。"二战"后,由于当时二手船价格低廉,希腊和挪威的一些轮船公司大量进入海上巡游业。随着欧美远洋客运业务的衰落,其他很多轮船公司也转而经营海上巡游业务。在这种情况下,游船已基本上不再是解决交通问题的旅行方式,而成为一种特殊的旅游形式或旅游项目。利用轮船做海上巡游度假的特点是悠闲、舒适。在海上巡游过程中,人们既可在不同的地点登岸旅游,又可随时回船休息,免除了每到一地后上下搬运行李和寻找旅馆的麻烦。此外,游船上也提供各种消遣娱乐设施。因此人们常称这种游船为"漂浮的度假胜地"和"漂浮的旅馆"。但是,这种游船旅游通常比较豪华,价格昂贵,加之游船航行速度不能太快,比较耗费时日,所以收入低和闲暇时间较少的游客难以享用。

就世界范围来看,目前最流行海上巡游的区域仍在加勒比海域和地中海域。这些地区一则气候温暖,二则可登陆参观游览的旅游地为数众多,而且彼此相距不是很远,因而是较为理想的游船活动区域。此外,北美的阿拉斯加海域每年夏天也是游船活动比较集中的地区。由于有船航行速度较慢,而人们的假期时间又有限,所以大部分参加海上巡游的游客都是现乘飞机到巡游区域,然后登船巡游度假,巡游结束后,再乘飞机返回定居地。

第五节 旅游景区(点)

一、什么是旅游景区(点)

从广义上讲,任何一个可供旅游者或来访游客参观游览或开展其他休闲活动的场所都可以称为旅游区(点)。这种场所的地理概念可以很小,例如一座历史建筑、一处名人故居、一所博物馆,等等;但也可以较大,乃至成为一个旅游景区,例如我国杭州的西湖风景区、美国的大峡谷、肯尼亚的野生动物保护区,等等。

实际上,无论是在我国还是在外国,任何一个旅游区(点)所接待的来访游人都不只局限于来自异国或他乡的国内外旅游者。特别是那些地处城市或人口密集地区的旅游区(点),其所借接待的游人或参观者中的相当多数实为当地居民。因此,严格地讲,所谓旅游区(点)实为面向所有大众开发的旅游区(点)或游人参观点。了解这一点,对于旅游区(点)的管理和经验都有重要意义。

作为旅游业的组成部分,这里所指的旅游区(点)是指那些某一组织或企业对其实行管理的旅游区(点),即有明确的界限同外界相隔并有固定的出入口,对游人的出入行使有效控制的游览点或参观点。所谓明确的界限,是指该景点的区域范围或圈以围墙，或设以栅栏，或有借助某种天然条件形成的边界，从而使人们不能随便出入。对于这种有管理的旅游区（点），国际旅游学术界有人将其定义如下：

1. 专用性

旅游区（点）是指定的用来供游人开展上述各项休闲活动的场所。这种专用性的指定要么出于商业性决策，要么出于政府有关部门的公益性决策。但不管出于哪一种，旅游区（点）的上述职能都是不可改变的，如果发生改变，则不再属于旅游区（点）。例如，工厂、学校、乡村和部队军营也都可供旅游者参观或游览，但它们都不属于旅游区（点），因为它们的职能都不是供游人参观。换言之，只有那些职能是专供游人参观、游览或开展其他休闲活动的场所可称为真正的旅游区（点）。

2. 长久性

旅游区（点）都必须有其长期固定的场所，并利用这一场址发挥其固有职能。这里对其长久性的强调，主要是用以同那些没有固定场址的旅游吸引物区别开来，例如某时某处临时举办的展览、娱乐活动、流动演出及民间盛会，等等。由于这些暂时性的旅游吸引物有其不同的组织和的营销方式，并且没有长期专用的固定场所，因而不属于旅游区（点），特别是讨论旅游区（点）的经营管理时更是如此。

3. 可控性

旅游区（点）必须有人行使管理，必须对游人的出入行使有效的控制，否则，从旅游业经营的意义上讲，便不属于真正的旅游区（点），而只能是一般的公众活动区域。但是这一定义下的旅游区（点）并非仅限于对来访游人收费的旅游区（点），同时也包括那些有人行使管理但对游人实行免费参观的旅游区（点）。后者多见于政府部门和社会团体出于社会公益目的而兴办和管理的参观和游览场所。需要说明的是，目前世界上绝大多数旅游区（点）都实行购票入内的做法。纯商业性的旅游区（点）旨在通过门票收费去补偿其全部运营成本并获取利润。对于由政府部门和社会团体兴办的旅游区（点），有些是旨在通过门票收费去补偿其流动费用而非建设投资，有些则仅仅是为了减少有关方面所支付费用的补贴。总之，从世界各国的情况看，不论出于上述何种目的，旅游区（点）管理的发展趋势是实行门票收费，而不是免费参观游览。

二、旅游景区（点）的类别

（一）一般分类

旅游区（点）的类别很多，人们对其划分方法也不尽相同。一般而言，旅游区（点）的类别划分可有以下几种情况：

（1）按照其设立性质分类。可以划分为纯商业性的旅游区（点）和公益性的旅游区（点）。前者指投资者完全是出于营利目的而建造或设立的旅游区（点），这类旅游区（点）全属企业性质。后者指政府部门和社会团体出于社会公益目的而建造或设立的旅游区（点）。这类旅游区（点）中虽然也多采用收费准入的管理方法，但收费的目的不是营利，更不是为了借以回收其建设投资。

（2）按照吸引要素分类。按照景点所依赖的吸引因素的形成原因，可以划分为自然旅游区（点）和人造旅游区（点）。前者的吸引因素属于大自然的赋予，后者或为人类历史遗产或为现代人为产物，但无论如何都属于人为的结果。

（3）按其展示内容的多寡分类。可以划分为单一性的旅游区（点）和集合性的旅游区（点）。前者仅指有一项参观游览内容的旅游区（点），如某一历史建筑或人类遗址、名人故居等。后者指由多项参观游览内容共同构成的一个旅游区（点）。

（二）常规分类

根据这类标准，旅游区（点）主要包括以下几种主要类别：

（1）古代遗迹（Ancient Monuments）。指挖掘出土和加以保护的古迹，例如古人城防建筑、古墓葬等。我国西安的半坡遗址、秦俑坑、北京周口店的猿人遗迹、洛阳的古墓葬展览馆等都属于这类景点。

（2）历史建筑（Historic Buildings）。指以历史上遗留下来的各种建筑物为主要游览内容而设立的旅游区（点）。这些建筑物包括历史上遗留下来的城堡、宫殿、名人故居、庙宇寺院、历史民居，等等。

（3）博物馆（Museums）。博物馆的系列十分庞大。其中可分为两大类：一类是以特定收藏品为展示内容的，例如中外的各种科学博物馆、历史博物馆、军事博物馆、交通运输博物馆，等等；另一类则是以特定场址为展示内容的博物馆，例如我国的故宫博物院、美国的殖民地时期威廉斯堡博物馆、英国的铁桥博物馆都属此类。另外，博物馆还可按其藏品来源进行划分，例如国家博物馆、地区博物馆、地方博物馆等。

（4）美术馆（Art Galleries）。美术馆多以收藏和展览历史或传统美术作品为主。

（5）公园和花园（Parks and Gardens）。指以具有特色的自然环境和植物环境为主要内容的旅游区（点），例如国际公园、自然保护区、著名的花园和园林等。

（6）原生动物园区（Wild Life Attractions）。指以观赏野生动物为主要内容的旅游区（点），例如动物园、水族馆、观鸟园、天然动物园、蝴蝶庄园，等等。

（7）主题公园（Theme Park）。这类旅游区（点）多为以某一中心主题为基调而兴建的大型人造游览娱乐园区，以美国的迪士尼世界最为著名。我国北京的世界公园、深圳的世界之窗和锦绣中华等旅游区（点）都属此类。

（8）早期产业旧址（Industrial Archeology Site）。指那些已经遗弃的早期工矿产业基础上形成的参观景点，主要是参观者了解当地早期的社会生产和技术情况。例如早期的采矿业、纺织业、铁路运输业以及运河码头等旧址。

三、我国旅游景区（点）的质量等级划分与评定

（一）旅游景区（点）管理政策

旅游业在我国起步晚，管理滞后也落后。管理体制混乱、管理机制落后，无论是旅游区（点）的开发与规划，还是旅游区（点）的建设与管理都亟待规范。因而政策法规支持体系是否健全将直接影响到旅游区（点）的开发。尽管许多省市已出台的旅游管理条例中都涉及旅游区（点）内建设项目审批、规划、管理等方面的内容，但对旅游区（点）的开发、管理、保护仍需要有一个国家级标准的政策法规。1999年我国第一部关于旅游区（点）质量等级方面的国家标准——《旅游区（点）质量等级划分与评定》正式颁布。该标准提出了我国旅游景区（点）质量等级划分的依据和方法、划分的条件及评定的基本要求，对我国旅游区（点）的建设水平与管理水平的提高起到极大的推动作用。

（二）旅游景区（点）管理内容

《旅游区（点）质量等级划分与评定》将旅游区（点）的质量等级划分为四级，从高到低依次为一、二、三、四级旅游区（点）。旅游区（点）的质量等级的标志、标牌、证书，由国家旅游行政主管部门统一规定并颁发。

旅游区（点）质量等级的确定，依据"景观质量与生态环境评价体系""旅游服务要素评价体系"的评价得分，并参与"游客评价体系"的游客满意率。

"景观质量与生态环境评价体系"包括旅游环境资源的保护和资源品位与价值两个评价项目。

"旅游服务要素评价体系"包括旅游交通、游览、旅游安全、卫生、通信、旅游购物、综合管理、旅游接待人数等八个评价项目。每个评价项目对各自项目赋以分值，各旅游景区（点）按各评价项目及子项目的相应的分数确定其等级。

"游客评价体系"是旅游区（点）质量等级评价的重要参考依据。包括总体印象、游览内容、可进入性、内部游览路线、路标和景点介绍牌、导游讲解服务、旅游安全、环境卫生状况、厕所卫生、公用电话服务、购物市场秩序、旅游商品特色、收费价格、便民服务等评价项目。每一评价项目分为很满意、满意、

一般、不满意四个档次,并依次计算游客满意率。

由此可见,《旅游区(点)质量等级划分与评定》标准是对旅游区(点)旅游资源价值、硬件接待设施和软件服务水平的综合评定,不仅为旅游景区的建设管理提供了依据,而且为旅游者选择旅游目的地提供了坐标。

旅游区(点)质量等级评定按国家和地方两级进行。国家旅游局各省、自治区、直辖市旅游局分别是全国和地方旅游区(点)质量等级评定工作的领导机构,负责组织成立全国和地方旅游区(点)质量等级评定委员会。全国旅游区(点)质量等级评定委员会负责一级、二级旅游区(点)的评定工作。地方旅游区(点)质量等级平地委员会负责本行政区域内三级、四级旅游区(点)的评定工作。

四、旅游景区(点)在旅游业中的地位

(一)旅游区(点)是旅游地的的物质基础

我们知道,构成旅游区(点)的基础是当地的旅游资源。在很多情况下,旅游区(点)往往是展现当地旅游资源精华的场所。因此,旅游区(点)在目的地旅游业中的地位同旅游资源的地位是同样的。简言之,在旅游业中,人们对交通运输和饭店需求基本是派生性需求。因为在一般情况下,几乎没有哪一个旅游者是为了乘坐某种交通工具或住某个饭店而进行旅游的,所以交通运输产品和饭店产品对旅游者的来访起着一种支持或保证的作用。

(二)旅游景区(点)居于旅游产品的中心地位

相比之下,旅游区(点)对旅游者的来访起着一种刺激或吸引的作用。旅游者之所以去某个地方访问,根本上是受该地旅游资源的吸引。作为旅游资源的重要组成部分和典型体现,人们对旅游区(点)的需求也就构成了基本性需求。正是在这个意义上,同旅游业中其他行业的服务产品相比,作为旅游资源的代表,旅游区(点)在目的地旅游业总体产品中居于中心的地位。

第六节　旅游业的产品

一、什么是旅游产品

旅游业的产品与其他传统产业的产品最基本的区别,甚至是根本的区别,是它的无形性特征。旅游消费的本质是精神性消费,传统产品消费重在物质性;旅游消费看重过程(旅游经历),传统产品消费重在结果。因此,行业界经验的说

法是"旅游消费而不在消耗"。旅游产品分为总体产品与单项产品。

（一）总体旅游产品

从需求角度看，总体旅游产品就是旅游者从离家外出开始直至完成全程旅游活动并返回家中这一期间的全部旅游经历的总和。显而易见，这一全部经历实际上由两大部分组成，一是往返于居住地与旅游目的地之间的旅游经历（旅），一是在旅游目的地逗留期间的活动经历（游）。由于旅游业通常以旅游目的地为单位，因而出于实用目的，我们也可以认为，总体旅游产品是指以在旅游目的地的活动为基础所构成的一次完整的旅游经历。

从供给角度看，总体旅游产品是指旅游目的地为满足来访旅游者的需要而提供的各种旅游活动接待条件和相关服务的总和。这些条件中既包括有形的物质条件，也包括无形的非物资条件。而相关服务中既包括商业性服务，也包括非商业性服务。实际上，从供给角度看，总体旅游产品也就是一个旅游目的地为旅游者提供的全部旅游产品的集合体。

（二）单项旅游产品

这一概念是主要针对旅游企业而言的。作为旅游企业，其生产和经营的产品自然也是旅游产品。单项的旅游产品只能依托总体旅游产品销售，这是有别于普通产品的重要特征，因而称其为单项旅游产品。从市场营销的意义上讲，这种单项旅游产品也是一种"经历"性产品，是旅游精神消费的组成部分。从一般意义上讲，特别是供给角度看，所谓单项旅游产品，就是指旅游企业所经营的设施和服务，或者说是旅游企业借助一定的设施而向旅游者提供的项目服务。行业界的经验说法是"借助有形的设施提供无形的服务"。

二、旅游产品的特点

（一）无形性

旅游业的交易主要是以总体旅游产品为主要形式。

（1）旅游产品是经历和服务。旅游产品对于旅游者来说是一种"经历"，有消耗而非消费的特征。对于旅游目的地和旅游企业来说则是其借助一定的设施和条件所提供的"无形的"服务。因此无论从哪个角度来看，旅游产品都属于非物质的无形产品。

（2）其具有消费的特点。这一特点决定了旅游消费者在决定购买某一旅游产品之前，难以对其进行检查和客观评价，同时也决定了旅游产品供给者只能提供印刷品和录像等宣传手段去帮助旅游消费者了解旅游产品。

（二）不可转移性

（1）旅游产品（旅游区、点）在地点上的不可转移性（固定性）。旅游产品进入流通领域后，其本身仍固着于原定的地点方位上，旅游者只有到旅游产品的生产地点进行消费（移动性）。就国际旅游而言，这一特点补充和完善了传统的国际贸易理论，同时也是使交通运输成为完成旅游活动的重要技术手段的原因。

（2）同服务相关的设施和用品在所有权上的不可转移性。旅游消费者在购买旅游产品之后，这种买卖并不导致有关服务设施和用品的所有权的转移。而只是有限使用权的转移。换言之，只是允许买方在规定的时间和地点按常规使用有关的设施和服务。这一特点决定了旅游者无权损坏有关的设施和用品或将其据为己有。同时，使用权的有限性也决定了旅游者无权自己决定让他人分享，甚至在很多情况下，无权将使用权自行转让给他人。

（三）不可存储性（时效性）

购买者购买旅游产品后，旅游企业只是在规定时间交付旅游产品的使用权。一旦买方未能按时使用，他就需重新购买并承担因不能使用而给卖方带来的损失。对旅游企业来讲，旅游产品的效用是不能存积起来待日后出售的。随着时间的推移，其价值将自然消失，并且永远不复存在。在新的一天来临时，它将表现出新的价值。所有旅游产品的效用和价值不仅固着在地点上，而且还在时间上。无论是航空公司的舱位还是饭店的客房，只要有一天闲置，所造成的损失将永远无法追补回来。因此，旅游产品突出表现出不可耐久的特点。这一特点决定了很多旅游企业对其产品实行差别定价以及运用各种营销手段驾驭市场需求的必要性和重要性。

（四）同步性

生产与消费同步进行。旅游活动需要有旅游者和消费者双方共同参与。在这个意义上，旅游产品的生产和消费是在同一时间发生的，并且在同一地点。在同一时间内，旅游者消费旅游产品的过程，也就是旅游企业生产和交付旅游产品的过程。它意味着服务人员的一言一行、一举一动，乃至服务人员的衣着仪表都会对产品的质量和顾客的满意程度产生影响，从而也决定了质量控制在旅游企业经营中的重要性。但这并不意味着旅游产品的消费与购买不可分离。事实上，在包价旅游中，几乎所有的旅游产品都是提前订购的。同时，旅游产品营销工作的主要目的之一便是设法使购买与消费或生产的时间拉开距离。

（五）综合性

从旅游者的角度来看，一个旅游目的地的产品乃是一种整体性产品，是旅游目的地为满足旅游者的某种需要而提供的各种接待条件和服务的总和，是单项旅游产品的集合体。

从供给的角度来看，旅游产品提供涉及目的地中的行、游、住、宿、食、娱等诸多方面的经营者。大多数旅游者在就前往某一目的地旅游做出购买决定时，都不止考虑一项服务或某一单项产品，而是将多项产品和服务综合起来权衡。例如一个度假旅游者在选择度假目的地的旅游区（点）或参观点的同时，必然还要考虑该地的住宿、交通、饮食等一系列的供给和服务情况。其中任何一方面的供给不利，都会影响到旅游者对该地的选择，都会影响到其他方面有关行业的成功经营（一毁俱损，一荣俱荣）。

总体旅游产品的这一综合性特点，不仅使其不同于制造业的物质产品，同时也有别于其他行业的物质产品，也正是这一特点决定了目的地各旅游行业同步发展和联合营销的必要性和重要性。

知识归纳

旅游业是一个由旅行社、旅游饭店、旅游交通、旅游景区、旅游商城、旅游娱乐等诸多相关部门构成的综合性产业。其中旅行社、旅游饭店和旅游交通三部门常被比喻成"推动旅游经济的三驾马车"。旅游业这些供给部门的发展程度都将对旅游业的整体发展水平产生重要影响。旅游业是"旅游学概论"这门课程的主要研究对象，只有学好本章知识，掌握旅游业各供给部门的基本理论知识，才能更加全面、更加深刻地理解旅游业在现代旅游活动发展中发挥的重要作用

复习思考题

1. 简述旅游业的性质及特点。
2. 旅行社有哪些分类？
3. 旅游交通的主要形式有哪些？为什么说旅游交通在旅游业中发挥着越来越大的作用？旅游产品的特点是什么？
4. 传统的旅游住宿方式与目前的旅游住宿方式有哪些相同之处和不同之处？
5. 如何区分旅游景区、旅游景点及风景名胜区？

第六章

旅游市场

学习目标

1. 掌握旅游市场的概念、特点及划分标准。
2. 掌握旅游需求产生的条件。
3. 掌握旅游需求的影响因素。
4. 掌握旅游供给的影响因素。
5. 了解旅游客流规律。
6. 了解我国旅游市场发展趋势及在国际市场竞争中存在的问题。

旅游市场是实现旅游产品交换的场所,是旅游产品经营者和旅游者之间一切供求关系的总和。本章的主要内容有旅游市场的细分、旅游者流动规律、中国旅游客源市场分析。我国是人口大国,占世界人口总数的1/4,也是土地资源大国,但我国的国际游客仅占世界总人数的5%,这比例充分说明我们工作的落后,也说明市场的发展潜力。

导入案例

北京时间2015年2月6日,艺龙网发布了截至2014年12月31日的2014财年第四季度及全年未经审计财报。财报显示,艺龙第四季度净营收为人民币2.462亿元,比去年同期的人民币2.610亿元下滑6%;净亏损为人民币2.067亿元，相比之下去年同期的净亏损为人民币4 400万元。2015年3月4日晚，途牛发布2014年第四季度报告及全年财报。据财报数据显示，2014年，途牛净收入为35亿元（合5.697亿美元），同比增长81.3%。但同时，全年四个季度全部亏损，2014年净亏损达到4.479亿元（合7 220万美元），而2013年仅7 960万元（合1 280万美元）。携程、去哪儿虽没有发布2014年第四季度报告及全年财报，但亏损已成定局，而且可能是巨亏10亿元以上。携程也从2014年三季度加入亏损行列，携程第三季度净营收21.3亿元，同比增长38%；净利润2.17亿元，同比下降42%，且四季度运营利润率为负12%到负17%，携程出现上市11年来的首次亏损，而且亏损金额高达4亿到5亿元之间。去哪儿2014年12月2日发布了截至9月30日的2014财年第三季度未经审计财报。报告显示，去哪儿第三季度总营业收入为人民币5.011亿元，比去年同期增长107.8%，比上一季度增长25.2%；归属于去哪儿股东的净亏损为人民币5.662亿元，去年同期归属于去哪儿股东的净亏损人民币4.888亿元，上一季度归属于去哪儿股东的净亏损为人民币4.216亿元。

所以考量中国在线旅游格局，仅仅从是否上市来看并不客观，还要看上市后的表现及未上市有价值公司的全面发展态势，更重要的是要基于对行业的全面理解。当然市场份额是考核维度，但相对长久稳定的市场份额才能用于考量行业格局。如果一定要说格局的话，那么国内在线旅游逐渐出现"两强、多极"的局面，以携程、去哪儿的两强将面临艺龙、途牛、驴妈妈、去啊、美团等多极竞争，但这个格局极不稳定。这些多极各有优劣势，但能否充分利用并保持优势、摒除劣势，很大程度上要看对行业大势的把握能力及执行力。

虽然在互联网领域盛行二元论说法，即平台型互联网公司仅仅能存活两家，如电商领域的京东、阿里，分类信息服务领域的58同城、赶集网，团购领域的大众点评和美团，但我认为在线旅游虽然经过2014年的价格战和激烈厮杀，现在就断言格局已定为时过早。若说格局已定，大前提必须加上，那就是行业大势基本稳定，在线渗透率较高，价格战拼杀阶段已经过去，差异化竞争明显，行业及主要竞争者增长回归基本稳定和理性，供需两旺，市场教育相对成熟。所以从这些维度看，在线旅游格局可以说远未确定，行业大势的发展是最大的不确定因素，能及时把握的将形成颠覆性力量，有机会改写格局。

2014年，携程收购华远国旅旅行社，购买邮轮，投资酒店，布局旅游目的地资源，甚至通过投资主题游初创公司，以寻求对资源的深度把控和渗透，当在线旅游行业领头羊放下身段，向线下重资产、苦累活延展时，我们应注意到行业大势在向O2O方向发展。长久以来，以线上能力为傲，不屑线下，常以挑战者身份出现的去哪儿网在2014年年底投资旅行社连锁机构旅游百事通，这是中国旅游业O2O标志性事件之一。

2015年开年，途牛完成上市以来的首单收购，将拥有台湾出境游牌照的浙江"中山国旅"和天津的"经典假期"大部分股权收入囊中，此次并购利于增强其做台湾游产品和直销的能力，同时也是这家以休闲度假游为主营业务的在线旅游公司向线下资源方控制的尝试，而同程也紧随其后连开八个旅游体验店开始全面布局休闲旅游O2O，不过从体验店开始旅游O2O不得要领，前有携程、恺撒、中青旅都做过这样的尝试，效果并不好。而洪清华宣称在2015年驴妈妈在全国联合当地最强旅行社开50家子公司覆盖主要省会城市及重要旅游目的地，在资源掌控上会有提升，较接地气。

讨论：结合我国目前旅游市场现状，分析线上、线下旅游发展的联系。

第一节　旅游市场概述

一、市场与旅游市场

（一）市场的概念

根据《简明社会科学词典》和《管理词典》的收录，"市场"通常有以下几种解释：

（1）市场是商品买卖的场所；

（2）市场是商品交换关系的总和；

（3）市场是在一定的时间、地点以及一定的人群或企业之间决定商品交换数量与性质的条件；

（4）市场指某一特定产品的经常购买者或潜在购买者；

（5）市场指具有某些相同特点、被认为是某些特定产品的潜在购买者的人群或企业。

在旅游业和旅游研究中，人们通常将市场一词用来指第（4）和第（5）种定义，即旅游产品的经常购买者和潜在购买者。在这个意义上，旅游市场指的就是旅游需求市场或旅游客源市场。在这些情况下，市场一词有时也指旅游供给市场，但这种用法并不普遍。

(二) 旅游市场的概念

（1）概念。旅游市场是指旅游区内某一特定旅游产品的现实购买者与潜在购买者。

（2）概念的依据。市场划分的概念，是美国的市场学家温德尔·斯密在20世纪50年代中期提出来的。他认为，市场划分就是根据消费者之间需求的差异性，把一个整体市场划分为两个或更多的消费群体，从而确定企业目标市场的活动过程。这是因为：首先，任何一个旅游供给者（企业），都不可能面向整个市场，满足所有消费者的需要。俗话说生意是做不完的，"你只能做适合你的那一部分市场"。其次，旅游地或旅游企业对旅游市场的确立和划分，是为了界定目标市场，用作旅游地或旅游企业定位、规划、推广、经营的依据。

著名管理学家彼得·德鲁克曾说过，"顾客便是生意"。也就是说，只有首先满足客人的需要，才能够进而满足企业的需要。在很大程度上，这两方面是统一的。就旅游业来说，如果不了解旅游市场的规模、不了解客源市场的所在，不了解旅游客流规律，不了解自己在市场竞争中的强项和问题，那么它的发展将是一种盲目的发展。当然我们并不排斥这种发展有其成功的可能，因为某种天时地利的巧合也会给这种发展带来成功。但这毕竟是一种并无把握的成功，况且在各国和各地区旅游业竞争激烈的今天，获得这种机遇的可能性几乎不存在了。然而在有可能遇到这种天时地利的同时，如果我们了解和掌握了必要的市场情况，取得成功的可能性以及成功的程度都将会很大。

（3）旅游市场中的旅游产品概念。在市场上流通的旅游产品，有人称之为旅游商品。但这个概念不同于日常所说的旅游工艺品、旅游纪念品，即广义的旅游产品。它是指旅游项目和旅游线路，是旅游资源、旅游设施、旅游服务等多种要素构成的综合产品。

（4）旅游市场的广义和狭义之分。从经济学的角度，旅游市场有狭义和广义之别。狭义的旅游市场指旅游产品交换的场所。如旅游景区、游乐场、饭店宾馆。广义的旅游市场指旅游产品交换过程中的各种经济行为和经济关系的总和。即旅游市场反映了旅游产品实现过程中的各种经济活动现象和经济活动的关系。

（5）旅游客源市场。从市场角度看，旅游市场指旅游客源市场（tourist source market），即旅游区内某一特定旅游产品的现实购买者与潜在购买者。

二、旅游市场的特点

（一）旅游需求的整体性

旅游需求的整体性有两层意思。一是旅游市场的整体性是由全球范围的旅游需求与旅游供给所决定的，有全球性的特征。市场对产品的选择有全球性的自由，不受地域、政治、民族局限等的限制。与传统产品消费心理不同的是，它是"求异"而非"趋同"。地球上局部地区的战争、瘟疫、灾害等因素影响到全球旅游市场的格局。二是旅游需求是对旅游产品和服务的整体需求。同一路线的景点个数，提供服务档次质量统一。但某一环节甚至细节出了问题，将影响整体形象。因此要硬软件统一，档次标准统一。

（二）旅游市场的高弹性

旅游市场的高弹性体现在以下几个方面。

（1）影响因素变量大，结构变化也大。旅游业作为一种影响和被影响的因素几乎涉及整个社会的方方面面。许多社会因素都可能对旅游需求以及旅游地产生很大的影响。而且这种影响常常是全球关联的作用。战争、政治风波、治安、民族歧视、经济水平，等等，都可能导致旅游市场的关联性的波动甚至变局；既可能引起旅游流向的变化，也可能引起市场结构的变化，还可能引起消费结构的变化。缙云山风景区在20世纪80年代就被评为国家级风景名胜区，但受管理体制不顺的制约，无论是内部管理，对外宣传、推广促销还是服务水平，都始终在低水平徘徊。本来应该是以接待远距离国内游客为目标市场的旅游地，成了以接待近距离本地游客为主的郊区休闲地；本来应该是以休闲住宿娱乐为主的产品成了以观光、餐饮为主要内容的低端产品，实在是浪费了资源。

（2）体现在供求之间的矛盾上。旅游市场的主要矛盾就是供给与需求之间的矛盾。这种矛盾处理不好就会直接引起旅游市场的波动。这里指明了旅游经营对市场调研和供求平衡的强调。归纳起来，供求之间的矛盾主要表现在以下两个方面：

①旅游产品的供给和需求在数量上的平衡。即旅游产品的可供量和社会购买力相适应，涉及开发、投资、营销广告、环保等。供大于求造成投资浪费；供不应求容易以数量害质量。与传统市场供求关系比较，市场选择空间更大，变量就更大。

②旅游产品供给和需求在质量上的平衡，即两者结构上的适应。国内市场为主的旅游地，功能和质量要求不太严苛。国外市场相反，市场划分很细。老人为主者要求舒缓、方便、不厌烦琐、交通无障碍，儿童市场重活泼、色彩明快、奇异性，职业人士讲究品位、档次、舒适。旅游供给只能针对不同目标市场的不同需求和特点，开发出适销对路的产品，方能实现预期的目标。

（三）旅游需求的指向性

旅游供给与旅游需求之间的矛盾关系，较之普通产业市场有一个根本性的区别，就是它不像普通商品的生产一样是适应市场和迎合市场，以市场为主导，旅游市场是需求去适合供给。旅游产品有"不可移动"的特征，旅游产品在地点上不可移动，在所有权上不可转移。更为主要的是，旅游产品的特色是它具有独占的吸引市场的元素。所以它只能让需求去适应它，指向它。旅游消费求新求异的普遍心理，是这个特征的理论根基。普通产品生产讲究"市场主导"，旅游产品主张"引导市场"，让游客去主动适应它，而非像普通商品样是供给适合需要。

（四）旅游市场的季节性

季节性的特征来自主体、客体两个方面的因素。自然旅游资源为主的旅游地，受自然气候的影响，产生季节性特征。它会增强或是削弱旅游区（点）的吸引力。哈尔滨的冰雪节、三亚的海滨就有明显的季节特征。客源国和客源地的风俗、节假日制度也影响到旅游市场出现"季节性"（这是广义的）变化影响。我国的传统节日与西方国家传统节日有很大差异，季节性的特征就不一样。旅游经营者就要充分注意到旅游市场的这一特点。客源在时间分布上的不平衡，既给旅游经营带来不可抗拒的困难，也是旅游市场可资利用的机会。一个国家旅游产品的总体格局可以宏观调控，使旅游目的地和旅游市场之间互相弥补、综合利用，也可以在经营、管理手段上采取一些措施，缓解季节性带来的影响。

三、旅游市场的构成要素

旅游市场包括四个重要的部分：旅游消费者、旅游产品、旅游营销、价格。

（一）旅游消费者

旅游消费者指的是经济意义的旅游者。在旅游活动中，他们表现为需求的提出和旅游消费的实施。

旅游需求可以分为两个层次：物质的需求和精神的需求。对物质实体的需求是旅游的基本需求，像吃饱、穿暖、安全等。这种需求的弹性比较小，容易满足。精神层次的需求是高级需求，主要表现在精神上的享乐，它是旅游的本质需求，其弹性力极强，永无止境。所谓满足，只是在一定范围、条件、时间限度下的"暂时"的满足，只是实现了"预期"的目标（实现预期），同时又萌发了新的需求。

旅游需求从低级向高级发展，也推动了旅游业逐步走向成熟。"游"大于"旅"，"游、购、娱"大于"吃、住、行"标志着旅游业的成熟。

（二）旅游产品

学者们对旅游产品的定义各有不同。如有的指出，旅游产品是旅游供给和接待能力的基本因素，内容包括旅游资源、旅游设施、旅游服务和旅游路线等。旅游产品不是某一具体物品，也不是某一单项服务，而是相对于一次旅游经历而言的综合概念。还有的指出，旅游产品，是以一定的旅游资源为基础的旅游线路，以及与此相关的旅游服务体系，主要有旅游景观的可观赏性、交通客运的可进入性、饮食休息的可逗留性三个基本要素。国家旅游局对旅游产品的定义：是旅游资源经过规划、开发建设形成的旅游产品。《旅游规划通则》（2003）指出，旅游产品是旅游活动的客体与对象，可分为自然、人文和综合三大类。

根据以上论述，归纳旅游产品的概念为：从旅游者的角度看，是以在旅游目的地的活动为基础所构成的一次完整的旅游经历。从供给的角度看，旅游产品是指旅游目的地为满足来访旅游者的需要而提供的各种活动接待条件和相关服务的总和。旅游供给是指旅游目的地的旅游经营者在一定的单位价格条件下向旅游者提供的旅游产品总量。它与旅游需求共同构成了旅游市场的基本矛盾。旅游市场的根本作用就是通过旅游业解决旅游需求与旅游供给的基本矛盾。旅游产品是旅游供给的基本因素。

（三）旅游营销

营销，或称为推销或促销，是使旅游者对旅游地发生兴趣并能前去消费的重要手段。营销的本质是竞争，其目的在于尽可能多地吸引客源。竞争的主要对象是客源。旅游客源包括两个方面：一是各地现实和潜在的客源，二是各国各地的旅游商社。营销工作的方法很多，没有固定的工作模式。其基本的工作步骤如下：

（1）市场调研。旅游市场调研是旅游市场开发的第一步，没有调查就不能确定目标、促销方向与重点。它通过各种信息的收集、分析来制定市场战略，指导旅游企业如何开展工作。不了解市场状况，找不准市场经营的目标，营销工作无法开展。营销工作最忌讳盲目性。

（2）宣传。这是扩大旅游地知名度的重要手段。一般采用大众媒体宣传和公共关系手段。

（3）执行营销计划。也称为招徕活动。具体工作有发放宣传品、开展咨询活动、组织客源，以及与旅游商社建立客源提供的业务联系等活动。

（4）评价营销成就。营销工作要分期检验，要做出科学的评价。效果不理想的营销要设法改进，杜绝毫无成效的亏损现象。

宣传与营销的工作既有联系又有区别。二者相互配合完成客源的提供。宣传虽然不能直接盈利，但对营销的经济推动作用不可估量。

（四）价格

价格是旅游市场中最为敏感的问题，是影响市场竞争的决定性因素，但不是绝对的因素。因为，市场竞争不能增加整个社会的消费额，只能改变社会的消费趋向。所以，价格竞争只能当作策略而不能当作战略。在市场竞争中要杜绝为了局部利益而无原则地开展"低价竞争"和相互杀价竞争，损害业界和社会整体利益。

制定价格的原则：
（1）等价交换原则。即产品的价格应能反映出产品的质量。
（2）随行就市原则。旅游产品的价格应尽可能适应市场行情。
（3）稳定性与灵活性结合的原则。既有浮动又有限度。
（4）价格体现档次，提高竞争力的原则。产品的丰富性和多层次性，游客选择空间大。

四、旅游市场细分

（一）旅游市场细分的概念和意义

旅游市场细分也可称为旅游市场细分化。所谓市场细分，是指将一个整体市场按照消费者的某种或某些特点分解或划分为不同的消费者群的过程。也可以解释为根据旅游者需求的差异性，将一个整体旅游市场划分为两个或两个以上的顾客群，就构成一个细分市场（或子市场）。所划分出来的每一个消费群也就是一个市场部分，通常称之为细分市场。因此，旅游市场细分也就是将全部旅游市场依据旅游者的某种或某些特点划分为不同的细分市场。

对旅游市场进行细分的重要性在于，任何一个旅游目的地和旅游企业都难以有足够的实力吸引和满足所有各类旅游消费者的需要，因而有必要在众多的旅游消费者中，选择某些适合自己经营能力的市场部分作为自己的目标市场。首先就需要在市场调研的基础上对旅游市场进行细分，然后根据自己的供给能力和竞争实力从中选定有利于自己经营的目标市场。由此不难看出，市场细分的目的是为了选择和确定目标市场。

旅游市场细分的意义主要表现在以下三个方面：
（1）有助于选定目标市场。旅游目的地和旅游企业在对市场进行细分的基础上，便于分析各细分市场的需要特点和购买潜力，从而可以根据自己的旅游供给或经营实力有效地选定适合自己经营的目标市场。
（2）有利于有针对性地开发产品。旅游目的地和旅游企业在选定目标市场的基础上，便可以针对这些目标消费者的需要，开发适销对路的产品。这样，不仅可以避免盲目开发产品造成的失误和浪费，而且为使顾客满意提供了基本保证。
（3）有利于有针对性地开展促销。对于旅游目的地和旅游企业来说，开展促销工作毫无疑问是非常重要的,因为再好的旅游产品如果不为旅游消费者所知,也无异于该产品不存在。但是,无论是一个旅游目的地还是一个旅游企业,其营销经费都是有限的。因此,如何利用有限的促销预算获取最大的促销成效也就成了旅游营销工作中重要而现实的问题。针对目标市场开展促销可以避免因盲目促销而造成的浪费,有助于提高促销的成效。

(二) 旅游市场的细分标准

可用于对旅游市场进行细分的标准很多。不同的旅游目的地,特别是不同的旅游企业,应根据自己的情况和需要,选用对自己的经营工作具有实际意义的细分标准。这里仅介绍我国旅游业经营实践中最为常见的旅游市场细分标准。

1. 地理因素标准细分

人们常常以旅游客源产生的地理或行政区域这类地理因素为标准,对旅游市场进行划分。就对国际旅游市场的划分而言,这类地理因素可以是洲别、世界大区、国别或地区。对于国内旅游市场的划分而言,这类标准通常是地区、省(州)、市等行政辖界。

世界旅游组织根据自己研究工作的需要,并根据世界各国旅游发展的情况和世界旅游客源的集中程度,将全世界国际旅游市场分为六大市场,即:欧洲市场、美洲市场、东亚和太平洋市场、中东市场和南非市场。

各国际旅游接待国则往往根据其国际游客来源的数量主次,按游客来源的国别或地区,将其划分和排列为不同的客源市场。

这种划分有助于了解世界旅游客源的分布情况,从而促使人们进一步研究和发现某些国家或地区产生旅游者多寡的原因。

2. 消费者特点标准细分

常用的这类标准有:

(1) 人口统计因素。如年龄、性别、职业、受教育程度、家庭收入水平,等等。

(2) 游客的来访目的。

(3) 游客来访的旅行方式。

(4) 游客的来访形式。如散客、团体,等等。

以这类标准对旅游市场进行细分一般是在已经确定了已有或潜在的市场区域情况下,用于对该客源市场的进一步细分。这主要是因为某一地理区域内的人口不大可能都会成为某一旅游产品的购买者,故而需要使用更为详细或具体的标准进行深入细分。例如《中国旅游统计年鉴》中除了使用地理因素对海外来华旅游市场进行划分之外,还分别按照来华旅游者的年龄、职业、性别以及入境旅行方式进行了划分。

一般而言，站在旅游目的地的宏观角度去考虑旅游市场细分问题时，多使用地理因素标准；对于具体的旅游企业而言，则更适合在此基础上以旅游者的某些特点为标准作进一步细分。

第二节 旅游客流及其规律

一、什么是旅游客流

旅游客流简称旅游流。当旅游者从常住地出发，到不同的旅游目的地去观光游览、娱乐消遣，便构成具有一定流向、流量特性的游客群体，这个游客群体称为旅游客流。流向是指旅游者从居住地至旅游目的地所形成的旅游指向；流量是指在一定时间内流向同一目的地的旅游者数量。旅游者流量是以一定时期内达到旅游目的地的人次来表示的。旅游者人次指一定时期内到某一旅游地国家或地区的旅游者人数与平均旅游次数的乘积。"人数"和"人次"两者的含义是不同的。

二、国际旅游客流规律

（1）国际旅游的流向，是由近及远，以近距离旅游为主。世界旅游流的变化规律也是如此，与一个国家的经济水平、文化的接近性、交通、时间限度有联系。

（2）旅游的流量，主要源于经济发达和文化发达的国家和地区。相比而言，发达国家和地区的人经济支付能力和可自由支配的时间更加充足，而且普遍受教育程度较高，追求精神享受生活的要求更加强烈。

世界的经济发展不平衡，产生旅游者的数量也不平衡，与经济水平、消费能力、出游概率、交通、通信的条件等都有关系。

（3）远程旅游将有更大的发展前景。远程市场通常泛指旅游接待国所在洲或地区以外的国际客源市场。这既靠世界旅游市场变化的趋势来说明，也与旅游发展的相关因素（同前段）变化有关；多数旅游者向风景名胜地区和文化特色显著地区流动；政治、经济、文化的中心必定是旅游中心。一个地区代表性的著名城市，首先是该地区科技、文化、建设的水平高，旅游设施和接待水平高，能满足现代游客的要求；其次是交通枢纽和集散地。近年来，随着东亚太地区经济的发展，国际旅游市场向亚太地区转移，亚太地区蕴藏大量神秘的东方及亚太地区文明的资源及大量未开发地区；亚太地区的接待与服务水平进步很快，接近世界先进水平。

三、世界国际旅游客流的特点

通过对第二次世界大战结束以来全世界国际旅游客流和客源发展状况的基本分析，可以发现世界国际旅游客流表现出以下一些流动的特点和规律：

（1）邻国旅游比重大。在全世界国际旅游客流中，近距离的国家旅游，特别是前往邻国的国际旅游，一直占据绝大比重。以旅游人次计算，这种近距离的出国旅游人次约占每年全世界国际旅游人次总数的80%。

根据20世纪80年代初的统计，美洲出国旅游者中有70%是在美洲地区内各旅游目的地旅游，前往区外的仅有30%；在东亚太地区，出国旅游人次总计的75%是在本地区内的目的国旅游，去区外的仅占25%；在欧洲，同期出国旅游人次的79%在欧洲以内，前往欧洲以外的仅占21%。

（2）就远程国际旅游而言，其主要客流发生于欧洲（特别是西欧）、美洲（特别是北美）、东亚太地区这三者之间。首先，从20世纪50年代至今，欧美一直是世界上重要的国际旅游客源地区和接待地区，这决定了两地之间的客流也是国际远程旅游中最大的客流。其次，随着东亚太地区经济的发展和国际旅游业的崛起，该地区不仅吸引着越来越多的欧美旅游者，而且向欧美地区输送国际旅游客流的能力也在不断增强，特别是20世纪80年代中期以来，这一表现更加明显。世界旅游组织的统计数据显示，2015年，前往欧洲的国际游客以超过6亿人次居首位，比上年增加了2 900万人次。前往亚太地区的游客近2.77亿人次，比上年增加1 300万人次。前往美洲地区的游客近2亿人次。同时，中国继续成为国际游客最大的来源国，连续超过10年以双位数速度增长。其次是美国和英国。这些数据表明，在远程国际旅游客流中，欧、美和东亚太三个地区之间的客流构成主要客流。

（3）随着东亚太地区经济的相对快速发展，该地区在国际旅游中的地位（无论是从客源产生量还是从接待来访人次上看）迅速提高。东亚太地区国际旅游迅速发展的趋势和20世纪80年代中期以来欧美地区出国旅游市场中远程旅游趋势增长的倾向都说明，21世纪国际旅游将形成欧、美和东亚太地区三足鼎立的格局应该是没有疑问的。

第三节 我国的旅游市场

一、入境旅游市场

根据世界旅游组织的解释，入境旅游是指非该国的居民在该国的疆域内进行的旅游。

根据我国的界定,海外客源由三部分人构成,即外国人,包括外籍华人在内;海外华侨;港澳台同胞。

改革开放以来,我国的入境旅游业有了较大的发展。1978年我国接待入境旅游者180.92万人次,其中外国旅游者22.96万人次,港澳台同胞为157.96万人次,旅游外汇收入为2.63亿美元,居世界排名第41位;2001年接待入境旅游者为8 901.29万人次,是1978年的49倍,其中外国旅游者为1 122.64万,过夜旅游者为3 316.67万,居世界第五位;2016年我国接待入境旅客共1.38亿人次,是1978年的76倍,其中外国旅游者2 815.12万人次,港澳台同胞为11 029.26万人次,过夜旅游者5 927万人次,居世界第四位;2016年实现外汇收入1 200亿美元,是1978年的456倍多。在1978至2016年的38年间,我国入境旅游业发展速度如此之快,为全世界所瞩目。参见表6.1。

表6.1 2004—2016年入境旅游人数　　　　单位:万人次

年份	总计	外国人	港澳台同胞
2004	10 903.82	1 693.25	9 210.57
2005	12 029.23	2 025.51	10 003.71
2006	12 494.21	2 221.03	10 273.18
2007	13 187.33	2 610.97	10 576.36
2008	13 002.74	2 432.53	10 570.21
2009	12 647.59	2 193.75	10 005.44
2010	13 376.22	2 612.69	10 249.48
2011	13 542.35	2 711.20	10 304.85
2012	13 240.53	2 719.16	10 521.37
2013	12 907.78	2 629.03	10 278.75
2014	12 849.83	2 636.08	10 213.75
2015	13 382.04	2 598.54	10 783.50
2016	13 844.38	2 815.12	11 029.26

资料来源:中国国家统计局

以表6.1中2016年的情况为例,在我国接待的入境旅游者中,外国人占19.42%,港澳台同胞占80.58%。实际上,表中的数字为来访的入境人次,其中包括了大量的不经我国旅游部门及其他部门的接待、自行活动并在亲友家过夜的港澳台回乡探亲人员,甚至包括了大量早来晚归的当日往返的港澳居民。这些人员在经济上基本上对我国旅游业没有太大的意义。因此,如果扣除这些来访人次,而以全国有组织接待的海外旅游者人次来说明我国入境旅游业的基本客源状况则更有意义。

有组织接待的来华旅游者的人数是我国旅游统计中经常使用的指标之一,这是指来华旅游入境者中由我国的旅行社以及中央各部委、群众团体和其他企事业单位接待的人数。之所以提出这一概念,是因为以全国有组织接待的来访旅游者人次来说明我国旅游业基本客源状况更有实际意义。

根据表6.2中的统计数字,我们可以发现,在2014年有组织地接待的海外旅游者中共计2 002.56万人次。外国人占54.8%,华侨占6.9%,港澳台地区同胞占38.3%。同20世纪80年代相比,外国人在我国有组织地接待的海外旅游者中所占的比重有了大幅的上升。

表6.2 2014年全国有组织接待的海外旅游者人数　　单位:万人次

总计	外国人	华侨	港澳台同胞
2002.56	1097.47	138.18	766.91

资料来源:数据整理

在上述比例数字中,外国人在我国有组织地接待的海外旅游者中占很大比重,而港澳台同胞的来源区域已经十分明显,因此我国有必要重点了解外国来华旅游市场的地区和国别分布状况。

表6.3中统计数字表明,外国人来华旅游市场按规模大小排列依次为亚洲、欧洲、美洲、大洋洲和非洲市场。同20世纪80年代的情况相比,欧洲市场由原来的第三位进至现在的第二位。出现这种变化的主要原因是,随着我国改革开放的深入发展和国际地位的提高,欧洲来华旅游者数量稳步增长。这表现在:一方面,传统的西欧来华旅游市场中的英、德、法旅华客流量进入90年代以来都已经超过了10万人次,而且意大利等西欧国家的旅华人数也都有了显著的增长;另一方面,随着社会变化,俄罗斯也从原来的潜在市场变成来华旅游的现实市场。可以预料,在今后相当长的时期内,外国人来华旅游市场目前的这种排列顺序不大可能再会出现大的变化。

表6.3 2016年外国人来华旅游市场的分布　　单位:万人次

市场分布	全球	亚洲	欧洲	美洲	大洋洲	非洲	其他
来访人次	2 813.00	1 803.70	547.20	320.4	82.60	58.90	0.20
所占比重/%	100	64.1	19.5	11.3	2.9	2.1	0.1

资料来源:中国国家统计局

关于我国旅游业的主要国际客源国,人们往往依据其来华旅游人次的多少进行排列和认定。我们在这里暂且不讨论以这种方法选定主要或重点客源国是否理想。鉴于中国改革开放以及社会的发展，同很多国家的关系尚处在发展或调整中，加之受周边国家近年来政局变化的影响，我国旅游业的主要客源国入境情况有所变动，具体情况如表6.4所示。

表6.4 前10位客源国的范围和排序

排序	2010	2011	2012	2013	2014	2015	2016
1	韩国	韩国	韩国	韩国	韩国	韩国	韩国
2	日本	日本	日本	日本	日本	日本	日本
3	俄罗斯	俄罗斯	俄罗斯	俄罗斯	美国	美国	美国
4	美国	美国	美国	美国	俄罗斯	俄罗斯	俄罗斯
5	马来西亚	马来西亚	马来西亚	马来西亚	马来西亚	马来西亚	蒙古
6	新加坡	新加坡	新加坡	蒙古	蒙古	蒙古	马来西亚
7	菲律宾	蒙古	蒙古	菲律宾	新加坡	菲律宾	菲律宾
8	蒙古	菲律宾	菲律宾	新加坡	菲律宾	新加坡	新加坡
9	加拿大	加拿大	澳大利亚	澳大利亚	印度	印度	泰国
10	澳大利亚	澳大利亚	加拿大	加拿大	澳大利亚	加拿大	加拿大

资料来源：根据中国国家统计局数据整理

按照2016年的统计，我国旅游业主要客源国的前10位依次为韩国、日本、美国、俄罗斯、蒙古、马来西亚、菲律宾、新加坡、泰国、加拿大。2010—2016年，我国旅游业的主要国际客源的范围相对比较稳定。在这10个国家中，有7个在亚洲，2个在美洲，1个在欧洲。

那么，这些地区和国家是否就是我国旅游业的中重点国际客源市场呢？在一定程度上，也可以说它们是我国旅游业的重点国际客源市场，但问题的答案并非如此简单。在选择和确定重点客源市场方面，各地区和国家目前来访游客的数量虽然是重要的考虑因素，但这并非选择和确定重点客源市场的唯一依据。因为目前有些似乎表现为重点的客源市场未必会经受住时间的考验，随着时间的推移，有些可能会退为非重点客源市场，有些目前表现为非重点的以后可能成为重点。

二、我国在国际旅游市场竞争中存在的问题

改革开放以来，我国旅游业在开拓和巩固国际客源市场方面取得了令人瞩目的成绩。在国际游客接待量方面，我国已经进入全世界前10大旅游接待国行列。在国际旅游收入方面，我国在1996年已经突破100亿美元大关，2016年已经进步至12万亿美元。但是我们也充分认识到，我国旅游业的高速发展在一定程度上是在起步较低基础上发展的必然表现。旅游业是一市场导向的行业，也是一国

际上竞争激烈的行业。在旅游业已经进入买方市场的今天，我们必须对我国旅游业在国际客源市场竞争中的不利因素有一个清醒的认识。

（一）地理位置远，交通成本高

我国的地理位置距世界大多数主要客源产生地比较远。这一因素的不利之处主要表现在以下几个方面。

（1）路程远，交通运输费用昂贵。除韩国外，其余九个主要客源国既非邻国关系，也无陆地相连。北美游客来华旅游的国际往返交通费用约占旅游全程费用的40%，欧洲各主要客源国与中国之间的距离平均也在1.2万公里左右。以20世纪80年代中期的情况为例，从欧洲各主要城市至北京的定期航班往返票价为1 000美元至2 000美元，占欧洲游客来华三周旅游全部费用的1/3至1/2。时间距离也将成为前来中国旅游的又一大障碍。

（2）遭受经济危机和世界油价上涨的打击。特别是对于以接待观光旅游和疗养旅游为主的旅游目的地来说，由于不少国家都有这方面的类似资源，因此在出现与客源国有关的经济危机和运输价格上涨的情况下，首先受到打击的便是距离客源国较远的旅游目的地。

（二）周边国家和地区旅游业的激烈竞争

（1）我国旅游业所处的区域性国际环境为东亚和太平洋地区，这一地区内各主要旅游目的地所面对的国际客源市场有着惊人的共同性。

（2）这些竞争对手旅游业比我国旅游业起步早，在从业经验、服务质量、交通运输和产品价格方面有着一定的优势。例如，在竞争日本客源市场方面，韩国、新加坡、菲律宾、泰国等周边国家都是我国旅游业的有力竞争对手。

（三）我国旅游产品的开发和质量问题

旅游营销工作是以旅游产品随时适应市场需要为基础的。如果产品保守不能迎合并满足市场的需求，那么无论怎样强化销售工作也难以获得成效。长期以来，我国入境旅游市场的经营一直依赖于接待团体观光旅游。这种产品类型上的单一化已落后于国际旅游潮流的变化。此外，我国旅游产品在质量方面仍存在着不少一直没有得到完全解决的问题，例如：清洁卫生条件差、旅行日程和交通安排变化多、接待散客旅游的条件不足，等等。

（四）市场宣传和海外促销工作仍有待改进

近些年来，我国旅游业的对外宣传和海外促销工作已有较大的发展。但同竞争者相比，我国旅游业的对外宣传和海外促销工作仍存在很多问题。问题主要表现在营销经费不足、营销和促销技术尚需改进和提高。

三、国内旅游市场

(一) 国内旅游市场概述

国内旅游市场是旅游市场的重要组成部分,我国的国内旅游市场是在改革开放以后逐渐发育起来的,20世纪90年代开始呈现迅猛发展的趋势。国内旅游需求的发展是我国国民经济持续快速发展,人民生活水平不断提高,国家产业政策大力扶持,我国劳动制度改革以及实施双休日和黄金周假日等多因素共同作用的必然结果,是社会进步的重要标志。2003年我国的国内游客数量仅为8.7亿人次,国内旅游收入为3 442.3亿元人民币;2016年,我国国内旅游接待量已达到44.4亿人次,国内旅游收入为39 390.0亿元人民币,国内旅游收入在全国旅游收入中的比重已经达到83.99%。国内旅游收入在国民生产中所占的比重以及在第三产业增加值中所占的比重也有显著提高。2003年由于"非典"的影响,旅游业的各种指标有所下降,但是之后的国内旅游迅速恢复,而且增长很快。见表6.5、表6.6。

表6.5 2003—2016年国内旅游收入在国内生产总值中所占的比重

年份	国内生产总值/亿元	国内旅游收入/亿元	比重/%
2003	137 422.0	3 442.30	2.50
2004	161 840.2	4 710.70	2.91
2005	187 318.9	5 285.90	2.82
2006	219 438.5	6 229.70	2.84
2007	270 232.3	7 770.80	2.88
2008	319 515.5	8 749.30	2.74
2009	349 081.4	10 183.70	2.92
2010	413 030.3	12 579.80	3.05
2011	489 300.6	19 305.40	3.95
2012	540 367.4	22 706.20	4.20
2013	595 244.4	26 278.10	4.41
2014	643 974.0	30 311.86	4.71
2015	689 052.1	34 195.05	4.96
2016	743 585.5	39 390.00	5.30

资料来源:中国国家统计局

表 6.6 2003—2016 年国内旅游收入在第三产业增加值中所占的比重

年份	第三产业增加值/亿元	国内旅游收入/亿元	比重/%
2003	57 754.4	3 442.30	5.96
2004	66 648.9	4 710.70	7.07
2005	77 427.8	5 285.90	6.83
2006	91 759.7	6 229.70	6.79
2007	115 810.7	7 770.80	6.71
2008	136 805.8	8 749.30	6.40
2009	154 747.9	10 183.70	6.58
2010	182 038.0	12 579.80	6.91
2011	216 098.6	19 305.40	8.93
2012	244 821.9	22 706.20	9.27
2013	277 959.3	26 278.10	9.45
2014	308 058.6	30 311.86	9.84
2015	346 149.7	34 195.05	9.88
2016	383 365.0	39 390.00	10.27

资料来源：中国国家统计局

我国具有极其丰富的旅游资源，又拥有世界上规模最大的国内旅游市场。我国国内旅游收入的经济总量目前已达到我国国际旅游收入的 4 倍。根据旅游业发达国家的经验，这个倍数可以达到 7~8 倍。因此，国内旅游业在我国有着相当大的发展潜力，我国国内旅游业在 21 世纪必将有更大的发展。

（二）近年国内旅游市场的特点

近几年国内旅游市场的发展表现有如下值得关注的特征：

（1）城镇居民和农村居民旅游行为的差异。虽然农村居民的出游量高于城镇居民，但是同农村居民相比，我国城镇居民的国内旅游表现有以下两点突出特征：

①出游率高。2014 年，城镇居民国内旅游人数 2 483 百万人次，出游率 373.1%；而农村居民国内旅游人数 1 128 百万人次，出游率 167.2%，城镇居民国内旅游出游率明显高于农村居民国内出游率。

②消费水平高。首先，城镇居民参加国内旅游的消费总额高于农村居民。其次，城镇游客消费水平要远远高于农村游客。具体情况见表 6.7。

表 6.7 2010—2016 年全国国内旅游基本情况

指标	2016	2015	2014	2013	2012	2011	2010
国内游客/百万人次	4 440	4 000	3 611	3 262	2 957	2 641	2 103
城镇居民国内游客/百万人次	3 195	2 802	2 483	2 186	1 933	1 687	1 065
农村居民国内游客/百万人次	1 240	1 188	1 128	1 076	1 024	954	1 038
国内旅游总花费/亿元	39 390.0	34 195.1	30 311.9	26 276.1	22 706.2	19 305.4	12 579.8
城镇居民国内旅游总花费/亿元	32 241.3	27 610.9	24 219.8	20 692.6	17 678	14 808.6	9 403.8
农村居民国内旅游总花费/亿元	7 147.8	6 584.2	6 092.1	5 583.5	5 028.2	4 496.8	3 176
国内旅游人均花费/元	888.2	857	839.7	805.5	767.9	731	598.2
城镇居民国内旅游人均花费/元	1 009.1	985.5	975.4	946.6	914.5	877.8	883
农村居民国内旅游人均花费/元	576.4	554.2	540.2	518.9	491	471.4	306

资料来源：中国国家统计局

通过表 6.7 不难看出，城镇居民的外出旅游在国内旅游市场中一直占据着主导地位，无论从出游率还是消费水平方面衡量都是如此。近几年来，农村居民外出旅游居于快速增长阶段，考虑到农村居民庞大的人口基数和农业经济的未来发展，应该说农村居民的旅游市场极有发展潜力。

（2）"黄金周"的旅游"井喷"现象。自从 1999 年国务院公布新的《全国年节及纪念日放假办法》，即采用新休假制度后，国内旅游市场初步形成了春节、"五一"、"十一"三个出游量集中的旅游"黄金周"。以 2016 年全国"假日办"公布的数据获悉，当年黄金周全国旅游接待总量是全年平均数的 8 倍，日接待总收入相当于全年平均数的 20 倍。被称为"井喷"现象。

近几次黄金周国内旅游的出现以下几个特点（表 6.8）：

第一，从居民出游的流向方面分析，多流向重点旅游城市。根据国家旅游局统计，2016 年春节黄金周期间，全国共接待游客 2.31 亿人次，比上年春节黄金周增长 14.0%；实现旅游收入 1 263.9 亿元，增长 16.4%。北京、天津、承德、秦皇岛、沈阳、大连、长春、吉林、哈尔滨、上海、南京、无锡、苏州、杭州、宁波、黄山、厦门、南昌、瑞金、青岛、洛阳、武汉、长沙、张家界、韶山、广州、深圳、桂林、海口、三亚、重庆、成都、广安、贵阳、遵义、昆明、西安、延安、银川等39个重点旅游城市，共接待游客8 594万人次。

表6.8　2010—2016年旅游市场的"黄金周"情况统计

年份	游客数量/亿人次	一日游游客/亿人次	重点旅游城市接待量/万人次	旅游收入/亿元	人均旅游消费/元
2010	1.25	0.95	5 151	646.2	516.96
2011	1.53	1.18	6 139	820.5	536.27
2012	1.76	1.34	6 659	1 014.0	576.13
2013	2.03	1.55	7 643	1 170.6	576.65
2014	2.31	1.78	8 594	1 263.9	547.14
2015	2.61	2.00	10 350	1 448.3	554.90
2016	3.02	2.31	11 200	3 651.0	1 208.94

数据来源：国家旅游局

第二，从出游的距离方面分析，短途一日游占较大比重。2013年"春节"期间，一日游客为1.55亿人次，占同期国内总人次的76.35%。2014年"春节"期间，一日游客为1.78亿人次，占同期国内旅游总人次的77.06%。2016年"春节"期间，一日游客为2.31亿人次，占同期国内旅游总人次的76.49%。

第三，消费额增速高于游客量的增长。2016年"十一"旅游黄金周情况同样如此，全国共接待国内游客5.93亿人次，同比增长12.8%；实现旅游收入4 822亿元，同比增长14.4%。国家旅游局最新的数据显示，2017年国庆中秋8天长假，国内旅游人数达到7.05亿人次，同比增长11.9%，国内旅游收入达到5 836亿元，同比增长13.9%。

但是，旅游黄金周的出现也暴露出一些不足和需要加以改进的地方，其中最突出的就是因为出游时间的过分集中而引起的一系列问题。如某些旅游热点地区人满为患，拥挤不堪，不但严重地影响了游客的旅游热情和对当地的印象，而且也威胁旅游目的地的可持续发展。

总而言之，近几年的旅游"黄金周"现象反映了我国国内巨大的市场规模和良好的发展潜力。它所带来的问题需要通过待薪假期等制度的完善加以解决。

四、出境旅游市场

中国公民出境旅游从"八五"期间开始产生，"九五"期间逐步兴起。时间不长，但保持了很快的增长率。20世纪90年代开始，出境旅游人数逐渐增多。

1997年7月1日，由国家旅游局与公安部共同制定并经国务院批准的《中国公民自费出国旅游管理暂行办法》发布实施，标志着中国公民自费出国旅游的正式开始。2012年，根据世界旅游组织的有关统计，中国游客出境游人次8 300万，出境游消费金额达到1 020亿美元，一跃成为"世界第一"。

中国公民出境行为，总体上是两个"三三式"结构。一个是"大三三"，另一个是"小三三"。"大三三"指出境总量中包括因公出境、因私出境和出境旅游三大部分；"小三三"指出境旅游中，又包括三个部分：边境游、港澳游和出国游。

我国在出境旅游市场的规模上，除个别年份外，近几年都保持了高速增长（出于统计方面的原因，这里仅指我国公民的自费出境旅游，并且以有组织的出境旅游即旅行社组织的出境旅游人次统计为依据），见图6-1、表6.9所示。

图6-1 2011—2016年旅行社旅游出境人数
资料来源：前瞻产业研究院整理

表6.9 2007—2016年中国公民出境情况统计

年份	出境人数/万人	增长/%	因公出境/万人	增长/%	因私出境/万人	增长/%
2007	4 095.4	18.6	603	5.3	3 492.4	21.3
2008	4 584.44	11.9	571.32	-5.3	4 013.12	14.9
2009	4 765.62	3.9	544.65	-4.7	4 220.97	5.2
2010	5 738.65	20.4	587.86	7.9	5 150.79	22.0
2011	7 025.00	22.4	613.21	4.3	6 411.79	24.5
2012	8 318.17	18.4	612.66	-0.1	7 705.51	20.2
2013	9 818.52	18.0	621.44	1.5	9 197.08	19.4
2014	11 659.32	18.7	656.14	5.6	11 002.91	19.6

续表

年份	出境人数/万人	增长/%	因公出境/万人	增长/%	因私出境/万人	增长/%
2015	12 786	9.7	614	-6.4	12 172	10.6
2016	13 513	5.7	663	8.0	12 850	5.6

资料来源：中国国家统计局

根据国家旅游局公布的数据，2015年中国公民出境旅游人数达到1.27亿人次，到2016年上半年，中国公民出境旅游人数5 903万人次，比上年同期增长4.3%。

在出境旅游的目的地国家和地区方面，我国公民自费出境的主要目的地集中在港澳地区，我国周边的韩国、俄罗斯以及东南亚国家。

在我国居民出国旅游目的国的确定上，由国家旅游局提出并交外交部、公安部协商后送报国务院审批。我国在开放目的国家和地区时主要考虑：对方是我国入境旅游客源国；政治上同我国友好；旅游资源富有吸引力，可进入性好，具备适合我国旅游者的接待服务设施；在法律、行政制度等方面对我国旅游者没有歧视性、限制性政策。

为进一步简化我国公民申请出国的手续，方便公民申请出境证照，截至2016年9月，已有57个国家和地区给予中国公民落地签证或免签入境的待遇。截至2018年4月，持普通护照中国公民可以享受入境便利待遇的国家和地区将增加到68个。

总之，我国公民出境旅游市场的发展，使我国旅游业市场体系更加完整，在国际旅游市场上的地位进一步提高；满足了国内居民的出境旅游需求，使出境旅游成为人们生活水平提高的重要标志。随着改革开放的逐步深入，尤其随着我国加入世界贸易组织后同世界各国贸易往来日趋频繁，以及人们生活水平的不断提高，将会有越来越多的国内居民走出国门，到世界各地旅游。正是基于对中国出国旅游市场的巨大潜力和未来发展的前景的认识，世界旅游组织预测到2020年中国公民出国旅游的人数将达到1亿，在世界旅游客源输出国中将居第4位。

知识归纳

旅游市场有广义和狭义之分。多样性、季节性、波动性、异地性、全球性和竞争性是旅游市场的一般性特征。根据不同的标准可以划分为不同的旅游细分市场，按地域划分旅游市场，按国家范围划分旅游市场，按旅游组织形式划分旅游市场，按旅游者的消费水平划分旅游市场，按旅游者的人口特征划分旅游市场，按旅游目的划分旅游市场。因旅游资源的不可移动性，为使旅游活动实现，只有通过旅游者的空间位移到达旅游目的地进行异地消费，所以形成旅游客流。

旅游需求是主观因素和客观条件共同的产物，从主观因素看，人们的生理和心理因素决定着旅游需求的产生，客观条件主要包括可自由支配收入、闲暇时间、旅游资源的吸引力和旅游的可进入性。旅游需求因其产品的无形性，又是一种高层次的需求，因而旅游需求又有明显区别于其他生活需求的典型特征。如季节性明显、敏感度高、弹性大、旅游需求复杂多样等。旅游需求受多种因素的影响，从旅游客源国影响因素、旅游目的地国影响因素和客源国与目的地国之间的相关影响因素三方面来分析，有助于更好地理解旅游需求状况和变化，把握旅游需求的发展趋势旅游供给具有多样性、计量差别性、产地消费性、持续性、非储存性和关联性的特点。旅游供给受旅游资源、旅游环境容量、旅游生产要素的价格、社会经济发展水平、科学技术发展水平、国家有关旅游的方针和政策的影响而变动。

复习思考题

1. 简述旅游市场的概念和特征。
2. 旅游市场的划分标准有哪些？
3. 简述旅游客流的规律。
4. 简述我国旅游市场在国际旅游市场竞争中所面临的问题及解决策略。

第七章

旅游活动的影响

学习目标

1. 了解旅游活动影响的背景和分类，思考怎样发挥积极影响，降低消极影响。

2. 掌握旅游活动经济影响、旅游的社会文化影响和旅游环境影响的积极、消极方面。

3. 了解可持续发展论的起源与发展及其内容定义。

现代旅游既是一种高层次的精神文化享受，又是一种高消费的经济行为。旅游者的移动成为一种中介体，建立起了旅游目的地与客源地之间的联系，引起了两地的一系列的变化：既有经济的变化，更引起社会文化的变化。这是旅游活动的特殊性所带来的必然结果。这些变化既有积极的也有消极的结果。认识旅游活动对社会带来的积极影响和消极影响，可以更深入地认识旅游活动的本质，也可以指导旅游开发、经营、管理行为，使其更加科学化。

导入案例

1. 迪士尼公司公布了一项报告，根据该报告，全公司的人都将参与包括再循环在内的环保活动，具体的统计数据如下：

（1）木材。迪士尼公司再回收的木材足够全美国制造冰棒用的木材，总质量达320吨。

（2）废纸。迪士尼公司再循环的办公用纸总质量达900吨。

（3）纸板。1990年，经公司再循环的纸板足够Epcot公园、魔术王国和Gatorland公园使用，总质量超过2 070吨。

（4）铝制易拉罐。迪士尼公司回收的铝足够生产一个高达160千米的可口可乐罐头，总质量超过14.5吨。

2. 喜来登酒店集团制订了一份长达300页的指南并下发给它在全球的连锁产业，该指南的内容是关于垃圾处理、产品购买、空气质量、能源节约、噪声污染、燃料储存、石棉、杀虫剂、除草剂以及水源方面的准则。

3. 法国某航空公司在飞机上回收铝和餐盒，并努力减少飞机上运载的重量。它们同时还对所有的飞机进行了更新换代，全部换成了低噪声的节能型飞机。

4. 美国的海洋世界正在实现一个海滩动物的营救和康复计划，旨在帮助那些患病、受伤和被遗弃的海牛、海豚、鲸鱼、水獭、海龟和各种鸟类。

讨论：这些知名旅游企业通过什么方式减小旅游对环境造成的消极影响？

第一节　旅游活动的经济影响

大众化和对旅游服务业的依赖是现代旅游的主要特征之一。旅游活动不仅为当地的旅游企业提供了商机，还通过其带动功能对当地的其他产业产生间接的影响。实际上，旅游消费的经济影响是双方的，既会影响到旅游目的地的经济，也对旅游客源地的经济产生影响。就国际旅游而言，海外旅游者入境后的旅游消费构成了旅游接待国的国际旅游收入，而客源国居民出国旅游期间的旅游消费则构成了该国的国际旅游支出。就国内旅游而言，从将全国作为一个整体的角度看，似乎没有必要区分旅游目的地和旅游客源地，但在旅游消费对两地经济的双向影响实际上亦同样存在。虽然如此，在旅游研究中，人们主要讨论的是旅游的发展有可能对旅游目的地的经济带来的各种影响。因此，本节主要讨论的也是一个国家的国内旅游和海外入境旅游对该国经济的影响。当然，这种影响有积极的和消极的两个方面。

一、积极方面的影响

(一) 增加外汇收入,平衡国际收支

就接待国入境旅游而言,其最重要的经济作用之一便是可以增加一个国家的外汇收入,提高该国的支付能力,从而有助于平衡其国际收支。

1. 外汇与国际收支

外汇是用于国家间经济结算的以外币表示的一种支付手段。一个国家拥有外汇数量的多少体现着其经济实力的强弱和国际支付能力的大小。所谓国际收支(Balance of Payments),是指一个国家在一定时期内(通常为一年)同其他国家发生经济往来的全部收入和支出。国际收入与支出两者总计须达到平衡,相互抵消。但在实际中,经常会出现不平衡的情况。当一个国家在规定时期内的国际收入多于国际支出时,其国际收支差额中便出现顺差或剩余;反之,则出现逆差或不足。造成这种不平衡的原因是多种多样的。对于大多数发展中国家来说,由于技术经济比较落后,物质商品出口量有限,但为了发展本国经济,又必须进口一些外国的先进技术和设备,因而往往造成国际收支平衡出现赤字。

国际收支通常由三部分组成,即贸易收支、非贸易收支和资本往来收支。对于发展中国家来说,赚取外汇收入主要有两条途径:一是对外贸易的外汇收入,二是非贸易外汇收入亦称无形贸易外汇收入。前者指物质商品出口所带来得外汇收入,后者指国家间有关保险、运输、旅游、利息、居民汇款、外交人员费用等方面带来的外汇收入。所以,在创汇的意义上,接待国际入境旅游同海外出口商品没有什么区别,因而接待国入境旅游也是一种出口,通常称之为旅游出口。同传统的商品出口所不同的是,在旅游出口中,旅游者与支付款项的流动方向是相同的;而在传统的商品出口中,出口商品与支付款项的流动方向是相反的。

2. 旅游业增加外汇收入的特殊优越性

作为非贸易外汇创收的组成部分,旅游创汇具有传统商品出口所不具备的很多优点。主要表现在以下几个方面:

(1)旅游业是无形贸易,劳务(服务)是不出口的出口。旅游产品的换汇成本低于外贸商品的换汇成本,因而换汇率较高。旅游出口是一种无形贸易,是一种"不出口的出口",旅游地在国内提供劳务服务就可以赚取外汇,旅游者必须到旅游产品的生产地点进行消费,所以可以节省掉商品外贸过程中所必不可少的运输费用、仓储费用、保险费用、有关税金等各项开支以及与外贸进口有关的各种繁杂手续。而且,它不存在外貌出口商品运输过程中的损耗问题,因此换汇成本较低。旅游风景出售的仅是观赏权而不是所有权,可重复多次出售,永续利用。

此外，在国际贸易市场上，生产和技术比较落后的发展中国家的出口商品在价格上常常处于不利地位。特别是在进口国家实行贸易关税壁垒的情况下，出口国为了获得外汇，有时甚至不得不以低于成本的价格出售。而国际旅游者在我国旅游时，其外币则须完全按我国公布的外汇牌价兑换成人民币。因此，同传统的商品出口换汇的情况相比，旅游产品的换汇要合算得多。

（2）旅游出口是现汇贸易，有利于旅游接待国的资金周转和安全。外贸商品出口从发货到结算支付往往要间隔很长时间，有的甚至会长达好几年；而在旅游出口中，买方往往要采用预付或现付的方式结算，于是卖方即接待国能立即得到外汇。显而易见，同一数量的外汇收入，迟到与早到的意义不大相同。它们之间不但有利息差额问题，在接待国急需外汇的情况下尽早结算可使得外汇发挥更大的效用。

（3）免受进口关税壁垒的影响。在传统的商品出口中，进口国往往会对进口商品实行配额限制，超过一定数额，便会提高进口商品的关税。此外，在对进口商品没有配额限制的情况下，为了控制商品进口量，进口国也会以提高进口关税为常用手段。这就是所谓的关税壁垒。而在旅游产品的出口方面，通常不存在客源国实行类似的关税壁垒问题。

由于旅游产品出口创汇具有上述优点，所以，通过发展旅游业来帮助赚取外汇，对于支援国际贸易、弥补贸易逆差和平衡国际收支来说，乃是一种理想的方法。

（二）有助于货币回笼，促进社会繁荣

商品回笼（商品出售）、服务回笼（服务赚钱）、财政回笼（税收）、信用回笼（信贷）是国家回笼货币的四大渠道。就国内旅游而言，它对经济的重要作用之一便是有助于拓宽货币回笼的渠道，加速货币回笼的速度和扩大货币回笼量。任何实行商品经济的国家都必须有计划地投放货币和回笼货币，从而使整个社会经济得以正常运行。货币的投放量和回笼量大致应有一定的比例，即货币投放于社会之后，必须有一定数量的回笼。由于流通的货币数量必须与流通的商品数量相适应，所以如果在商品投放量不变或增加不大的情况下，社会上流通的货币量过多，则会出现通货膨胀，产生货币贬值的可能，因为随着人们手中货币量的增加，他们的购买需求也会相应提高。这种购买能力的增加将对有限的商品市场构成威胁，即使人们将积蓄的钱存入银行而暂不投入市场，由于这些钱可自由存取，所以仍会对市场构成一种潜在的威胁。如果有效的商品供给不能增加，则这种节余存款的数量越大，其潜在的威胁也越严重。鉴于上述原因，国家投放货币后都要设法将其回笼。回笼货币的方法一是要向市场投入相应数量的物质商品，再则是供应服务性消费品。在国家的物质商品生产能力有限、一时难以扩大

国家的物质商品投放量的情况下，转移人们的购买去向、鼓励人们多消费服务性产品，例如旅游和娱乐，则成为必要的货币回笼渠道。在这个意义上，通过发展国内旅游来促进货币回笼，不仅可以起到稳定货币流通量和商品供应量之比例的作用，同时也是稳定物价的一种手段。

如前所述，旅游活动是一种高层次的精神文化消费活动，旅游消费较普通消费要高。"不怕没钱花，就怕花不出，花不好"是旅游消费的普遍心理。所以，旅游业可以刺激消费，是回笼货币、缓解货币回笼压力、促进社会繁荣的有效手段。

（三）带动相关行业的发展

旅游业是一项综合性的产业，与相关行业之间既有依托性又有关联带动作用。旅游业的发展一方面有赖于目的地的很多其他行业和部门的配合和支持，同时也可带动和促进其他经济部门或行业的发展。其根本原因在于，旅游消费需求需要旅游业提供足够的设施、设备和消耗物资，旅游业也因而成为许多行业产品的消费市场，从而刺激和促进这些行业的发展。此外，旅游的发展还可以扩大外界对旅游目的地的了解，有助于当地的招商引资工作，从而也可以促进其他行业的发展。发展旅游业还能有效地扩大和促进城镇化建设，带动相关产业的发展，在推动经济结构优化和调整方面起到重要作用。原四川省委书记就曾推崇武隆县发展旅游"一个洞带动一个县"（注：芙蓉洞），成为旅游扶贫的典型。

（四）增加政府税收

无论是发展国际旅游接待业还是发展国内旅游业，都可起到增加政府税收的作用。国家的旅游税收目前主要来自两个方面：一是从国际旅游者获取的税收，主要包括入境签证费、出入境时交付的商品海关税、机场税和执照税等；再一方面是来自旅游业的各有关营业部门，包括各旅游企业的营业税和所得税等。此外，由于旅游业涉及许多其他有关产业部门的支援并可带动各经济部门的发展，当所有这些部门的生产和经营因旅游业的发展和带动而扩大业务量时，国家也可以从这些部门得到更多的税收。

（五）平衡地区经济发展，缩小地区差异

旅游的发展有助于平衡国内各有关地区经济发展，缩小地区差异。如果说国际旅游可将客源国的物质财富转移到接待国，在某种程度上起着对世界财富进行再分配的作用，那么国内旅游则可把国内财富从一个地区转移到另一个地区，起到将国内财富在有关地区间进行再分配的作用。如果把地区作为目的地或客源地的单位，那么国内旅游中也存在着"入境"和"出境"两种类型的旅游。对一个地区来说，出区旅游所产生的是该地区的旅游支出，入区旅游所带来的则是该

地区的旅游收入。就一般情况而言，经济较发达地区的出区旅游人次较多，而经济落后地区的出区旅游人次较少。当经济落后地区的某些旅游资源足以吸引经济发达地区居民前去旅游时，这些旅客在旅游目的地的消费，即经济落后地区的旅游收入，对当地来说显然也是一种外来的"经济注入"。这种外来的"经济注入"当然可以刺激和带动当地的经济发展，加速当地经济发展的步伐，从而有助于缩小地区差别。特别是那些物质资源贫乏、限制了物质生产的发展但却拥有较好旅游资源的地区，发展旅游业在经济上尤其具有重要意义。旅游还为贫穷落后地区更新了观念，培育了新的经济增长点，改善了投资环境，促进了对外开放。

（六）扩大就业机会

最后，旅游和旅游业的发展还可带来就业机会的增加。安排国民就业的意义毋庸置疑，各国政府因此都十分关心。旅游业作为第三产业的重要组成部分，在提供就业机会和解决就业问题方面尤其具有重要意义。世界旅游理事会（WTTC）在其《旅游业与世界经济——世界旅游理事会1996年研究报告》中指出，1996年全世界旅游就业人数达2.6亿（每9个就业机会中就有一个旅游就业机会），未来十年，将增加1.3亿个新的就业机会。这些就业机会的存在使旅游业成为世界上最大的就业创造者。我们可以形象地说，全世界旅游行业每24秒钟就创造一个新的就业机会。

与其他产业相比，旅游业在提供就业方面的优势在于：

（1）旅游业属劳动密集型行业。在旅游接待工作中，许多工作都必须靠员工手工操作，而且需要面对客人提供富有人情味的直接服务，因而需要大量的劳动力。以饭店业提供就业的情况为例，《世界住宿业》杂志（Worldwide Lodging Industry）曾对分布在世界各地的400多家饭店的人员配备情况进行过调查统计，结果如表7.1所示。

表7.1 各地区饭店人员配备情况

地区	平均每间客房员工数/人
全世界平均	1.02
欧洲	0.85
中东	1.32
亚洲	1.5
远东	1.93
澳洲	0.90
夏威夷和太平洋群岛	0.73

续表

地区	平均每间客房员工数/人
加拿大	0.77
美国	0.48
墨西哥	1.03
中美洲	1.26
南美洲	1.14
加勒比地区	1.12
非洲	1.92

资料来源：转引自 S. Medlik. The Business of Hotels. Heinemann London

表 7.1 中的数字是对世界各地不同规模、不同类型、不同等级、不同经营方式的 400 家饭店人员配备情况进行调查后综合计算出来的平均数。其中高工资成本地区例如欧美地区的饭店为了减少营业支出中的工资成本而往往采用节省人力的技术设备和经营方法，因而在这些地区的饭店中平均客房员工数较少。但在低工资成本地区，例如在远东、亚洲和非洲，平均客房员工数则为 1.5～2.0 人不等。我国处在世界上饭店经营的低工资地区，目前有涉外饭店约 7035 家。客房总计约 89 万余间，按照亚洲地区的平均客房员工率 1.5 计算，涉外饭店就业人数为 130 余万人，但这还仅是饭店业提供的直接就业人数。根据许多地区的经验，饭店业每增加一间客房，其他直接旅游企业便可相应增加 2.5～3 人的就业机会。也就是说，整个旅游业的直接就业人数同当地饭店客房数的比例为 4∶5∶1。如果再进一步考虑到其他非直接旅游企业或者与旅游有关的其他行业的情况，特别是由于旅游业职工及其家属又需要购买生活消费品、服务、教育，从而进一步导致在当地工商及教育、卫生部门创造就业机会的情况，那么发展旅游所提供的就业机会就更多了。

（2）旅游业中就业的再一个特点是就业岗位层次众多，特别是很多工作并不需要很高的技术，所以可为广大的家庭妇女和尚不具备技术专长的青年提供就业机会。旅游业这种对低技能劳动力的大量吸纳的特点，同我国目前教育不发达的情况相适应，在解决我国社会大量富余劳动力就业方面作用巨大。当然，这并不是说旅游业就业不需要知识和技术。为了保证旅游产品的质量，也需要对从业人员进行适当的教育和训练。但是同技术程度要求较高的制造业就业相比，上述人员只需要接受短时间的培训便可胜任工作。

二、消极方面的影响

虽然旅游业的发展对国民经济有很大的促进作用，但是如果旅游接待国（或地区）不是量力而行，而是片面强调发展旅游经济，那么则会扩大发展旅游业可能带来的副作用，甚至会得不偿失。

旅游目的地经济有可能产生的不利影响包括：

（一）游客大量涌入引起物价上涨

就一般情况而言，由于外来旅游者的收入水平较高或者他们为了旅游而长期积蓄的缘故，故旅游者的消费能力高于旅游目的地的居民。从供求关系看，游客的涌入，大大增加了需求的总量，引起旅游目的地商品价格上扬；在经常有大量旅游者来访的情况下，则难免会引起物价的上涨。这势必损害当地居民的经济利益。此外，随着旅游业的发展，地价也会迅速上升。很多国家的大量事实证明，在某些最初来访游客不多的地区兴建旅馆时，对土地的投资只占全部投资的1%。但是在这一地区旅游业发展起来之后，兴建旅馆地皮投资很快上升到占全部投资的20%。由此而造成的地价上涨，显然会影响到当地居民的住房建设与发展。

（二）影响产业结构，使其发生不利变化

例如在有的原先以农业为主的国家或地区，由于从个人收入来看，从事旅游服务的所得高于务农收入，因此常使得大量的劳动力弃田从事旅游业。这种产业结构不正常变化的结果是，一方面旅游业的发展扩大了对农副产品的需求，然而另一方面却是农副产品产出能力的下降。当地居民失去了赖以生存的基本生产方式，一旦旅游业由于种种原因不能满足他们生活的基本需要，如果再加上前述农副产品价格上涨的压力，就会产生社会问题，还可能会影响到社会和经济的安定。

（三）过分依赖旅游业会影响国民经济的稳定

旅游业在国民经济各行业中不是关系国民生计的行业。一个国家或地区不宜过分依赖旅游业来发展自己的经济。对旅游业的过度依赖，将导致经济发展偏离良性循环轨道。特别是对于像我国这样一个大国更是如此。这主要是因为：

（1）旅游活动有季节性。旅游业的季节性波动加大了供需之间的矛盾——劳动力闲置、当地物质剩余而导致大降价、居民收入减少。虽然需求方面的这种季节性波动有时可通过旅游业的营销努力减小，但毕竟不可能完全消除。因而，旅游接待国或地区在把旅游业作为基础产业的情况下，淡季时不可避免地会出现劳动力和生产资料闲置或严重的失业问题，从而会给接待国或地区带来严重的经济问题和社会问题。

（2）旅游活动受制于市场。旅游需求在很大程度上取决于客源地居民的收入水平、闲暇时间和有关旅游的流行时尚，而这些都是旅游接待国或地区所不能控制的。如果客源地出现经济不景气，其居民对外出旅游的需求势必会下降。在这种情况下，接待地区很难保住或扩大市场。此外，一旦客源地居民对某些旅游地的兴趣爱好发生转移，使原接待地区的旅游业衰落，甚至是相当长一段时间的萧条。特别是从长远的观点来看，这些问题都难免发生。

（3）脆弱的产业。除上述情况外，从供给一方来看，它也是一种易受冲击的脆弱的产业——政治、经济、社会等诸多因素都会引起旅游业的剧烈波动。一旦这些旅游业所不能控制的因素发生不利变化，也会使旅游需求大幅度下降，旅游业乃至整个经济都严重受挫，造成严重的经济和社会问题。因此，任何一个大国的旅游业的发展都应适应经济发展的需要，不能盲目开发。

上述可能性的存在只是从国家或地区安全的角度说明了旅游业的发展要加强宏观调控和总体规划的必要性。我国是社会主义市场经济国家，我国旅游业的发展也必须体现这一特点，对于应当开发和优先开发的地区应大力支持和扶植，对于不宜发展旅游业的地区则应加以限制。

第二节　旅游的社会文化影响

现代旅游业的蓬勃发展，对各旅游目的地乃至世界经济产生了巨大的影响，而且对旅游目的地乃至全人类的社会文化也具有不可忽视的影响。大群外来人口在接待地之间流动，在与当地主人的接触中产生了一系列交流活动和复杂的人际关系。这些活动和关系对客人和主人两方面都将产生影响。然而由于客人在接待地活动的时间短暂而分散，对外来旅游者个人和其所属社会产生的影响远不如接待地居民和社会所受影响那样集中和深刻。旅游活动的开展之所以会对社会文化具有影响作用，主要是因为：

其一，旅游活动是一种以不同地域、不同民族、不同社会以及具有不同文化传统的人群之间的相互接触为其根本特征的活动。接触和了解异域社会和文化既是某些旅游者外出旅游的重要动机，同时也是所有旅游者访问异国他乡的客观结果。与此同时，旅游者在旅游目的地的活动过程中，由于同当地居民的直接和间接交往接触的存在，也会以其有意和无意的"示范"行为影响当地居民。

其二，现代旅游活动发展的规模之大，已使其成为重要的社会现象。虽然就单个旅游者而言，同旅游目的地居民之间的接触是短暂的，似乎不足以对当地的社会和文化产生实质性的影响，但是随着成千上万的旅游者的不断来访，旅游者与当地居民之间的个体接触便会演化成为群体性的社会接触，其规模之大、历时之久，使得旅游活动的开展对社会文化产生了重要的影响。

旅游活动带来的社会接触和文化交流对旅游者和目的地社会文化的影响既有

其积极的一面,也有其消极的一面。

一、积极方面的影响

(一) 有助于提高国民素质

这一点主要是针对国内旅游而言的。其一,旅游活动具有促进人们身体健康的作用。旅游活动适应现代人的消费需求,调剂生活内容,缓解现代城市生活的紧张和压力,调节生活节奏。在城市化程度不断提高的现代社会中,都市的公害、紧张的工作和生活节奏迫使人们更加向往能够经常适时地改变一下生活环境,回到安谧、优美的大自然中去,以便重新"充电",恢复体力,焕发精神,增加人们对人生的热爱。这一方面是大众旅游的重要动机之一。其二,旅游活动的开展有助于突破惯常环境对思维的束缚,使人们开阔眼界、增长知识。事实表明,在古今中外各个领域的伟人中,几乎没有哪一位不曾有旅行或旅游的经历。对于青年人来说,外出旅游更是学习和接受新事物启发的有效途径。他们通过旅游,可以了解世界、熟悉社会、增长知识和才干。正因为如此,人们才有了"行万里路,读万卷书"的经验总结。其三,在自然美景和人文历史和艺术中去获得审美享受,提高审美鉴赏能力,获得极大的精神享受。其四,旅游的开展有助于培养人们的爱国主义情感。无论是在国内旅游时亲眼看见的各地的自然名胜、历史文化和建设成就,还是在国外旅游时看到或听到对祖国历史和建设成就的称颂,都会激发和增强人们的民族自尊心和自豪感,从而会加深人们对自己祖国的热爱。

(二) 有助于增进国家间的相互理解

(1) 国际旅游活动的开展客观上具有人民外交的作用。由于旅游是不同国度、不同民族、不同信仰以及不同生活方式的人们之间直接交往,而不是以文字媒体或者以个别人为代表而进行的信息传递和间接沟通,因而更有助于增进不同国家人民之间的相互了解,增强国家间的和平友好关系。在这个意义上,国际旅游活动的开展在缓和国际关系以及促进在国际事务中实行人类和平共处方面起着非常重要的作用。这并非只是学术认识上的假设。旅游是大众化的文化传播形式,它为异质文化的融合提供了机缘。旅游者是文化传播的主要导体。人际交往是人类信息交流不可替代的主要形式。因为这是人类的基本需求。人际传播的主要特点可以在旅游交流中体现出来。实际上,只要人们通过旅游交往,彼此能更好地相互理解,人类整体和世界大同的观念便会随之加深。此外,旅游也是接待国对外树立国家形象的有效手段。由于旅游者在接待国旅游过程中亲眼看见了该国的情况,因而其宣传的可信度大,外界很少会有人对他们所做的情况介绍表示怀疑。不仅如此，旅游者访问接待国的观感和体会还会通过他们的亲友传递到更大范围。所以，国际旅游的开展在这些方面所起的作用比传统的外交手段要有效得多。

（2）旅游的交往形式反映了三方面特点：

其一，打破了人与人之间的身份界限，参与旅游的阶层成分广泛，身份平等，是一种多层次、全方位、少限制、无顾忌的自由民间外交。其二，自由灵活，无私坦陈。旅游是"暂时的自由"，没有了平时的身份、上下级关系、利益关系和竞争关系，所以自由、坦陈而灵活。其三，互相善待，关系融洽。旅游是人类寻求愉快的外出活动。旅游交往向人们公平地提供了充分表现自己善良品质的机缘。

（3）文化漂移现象。外来游客也会在不同程度上"暂时借鉴"接待地的主人文化，称为"文化漂移"现象。在短期接触中，主客双方都会在表面的行为上有所改变，但这种表面行为对主人社会文化的影响可能是持久的，而对客人社会或文化的影响是暂时的。文化漂移在外来游客行为上的表现，常常体现为在旅游过程中对接待地某种文化要素的偏爱。穿文化衫、戴文化帽、租当地的服装照相；用旅游地的服饰回家后"招摇过市"、买纪念品等。文化漂移在接待地的表现为：模仿客源地风格的建筑、乡土餐饮城市化、本国餐饮西餐化、语言"外语"化等。回到日常生活中即恢复本性。文化漂移现象是旅游民间文化交流的独特形式。

（三）有助于促进民族文化的保护和发展

民族文化是一个国家或地区的重要旅游资源。随着旅游业的发展和接待外来旅游者的需要，当地一些原先几乎被人们遗忘了的传统习俗和文化活动重又得到开发和恢复；传统的手工艺品因市场需要的扩大重又得到发展；传统的音乐、舞蹈、戏剧等重又受到重视和发掘；长期濒临湮灭的历史建筑重又得到维护和管理，等等。所有这些原先几乎被抛弃的文化遗产不仅随着旅游的开发而获得了新生，而且成为其他旅游接待国或地区所没有的独特文化资源。它们不仅受到旅游者的欢迎，而且使当地人民对自己的文化增添了新的自豪感。旅游需要民族文化。具有个性特征的民族文化构成了旅游吸引物。旅游促进了不同民族文化的融合。旅游促进了民族文化的保护与发展。

（四）有助于推动科学技术的交流和发展

科学技术的发展是旅行和旅游产生和发展的前提条件，这一点已为历史的发展所证实，但是在另一方面，旅游也是科学研究和技术传播与交流的重要手段。在旅游发展的各个阶段，都曾有人以科学考察为主要目的，客观上也起到了传播和交流知识与技术的作用。现代商务旅游、专业会议旅游以及消遣旅游中的访问同行活动，都使得交流的广度和深度不断获得新的发展。此外，旅游在发展过程中也不断对科学技术提出新的要求，尤其是在交通运输工具、通信以及旅游服务设施和设备方面，要求更加快速、便利、舒适和安全，从而推动了有关领域科学技术的发展。

（五）有助于促进目的地生活环境的改善

为了适应客观上旅游业发展的需要，旅游接待地区的基础设施会得以改进，生活服务设施和其他方便旅游者的设施也会有所增加。虽然这一切都始自发展旅游业的需要，但在客观上也改善了当地居民的生活环境，方便了当地人民的生活。

二、消极方面的影响

（一）不良的"示范效应"

（1）"文化涵化"现象。旅游活动中，旅游者不可避免地会将自己的生活方式带到旅游目的地。特别是在国际旅游方面，旅游者来自世界各地，他们身上表现的不同的价值标准、道德观念和生活方式，会在旅游目的地无形地传播和渗透，对目的地社会产生"示范效应"。虽然说，旅游者和当地居民是在相互作用和相互影响，但是实际上，旅游者带给目的地社会的影响比他们接受目的地社会影响的程度要大得多。主要是因为旅游者与当地人的接触是短暂的，接触的范围也十分有限，他们与当地人的接触是一种相对肤浅的经历。而对于当地居民来说，他们同旅游者的接触都是长期不断的，他们接触的是持续不断前来访问的旅游者群体。所以，旅游者所带来的思想和文化对当地社会的影响是一种潜移默化的长期影响。这种"以强凌弱"的文化现象称为"文化涵化"现象。

（2）"文化涵化"的解释。"文化涵化"现象是两种文化相互接触时，不论时间长短，都会产生相互借鉴的过程。但是这种借鉴并不是对称的，而是取决于双方的个人或团体相互作用的社会与经济背景及人口差异性质的影响。其趋势是强势文化涵化弱势文化，新潮时尚涵化传统。像"可口可乐""麦当劳"风云当今世界，渗透到世界几乎每一个角落即是例证。文化涵化具有不对称特征，通常发达国家的文化涵化发展中国家的文化。这种"以强凌弱""喜新厌旧"的趋势是十分明显的。

（3）"文化涵化"的影响。旅游者的生活方式对目的地社会，特别是发展中国家社会的影响是不容忽视的事实。具体表现在：

①泥沙俱下，良莠不分。当地居民，尤其是青少年，在生活方式上盲目地模仿外来的游客，尤其是发达国家、发达地区的游客，逐渐在思想和行为上发生消极变化。他们开始对自己的传统生活方式感到不满，先是在装束打扮和娱乐方式上消极模仿，继而发展为有意识地追求，从而使赌博、卖淫、投机诈骗、贪污受贿、走私贩私等犯罪和不良社会现象增多，影响社会秩序的安定。

②喜新厌旧，崇洋媚外。在发展中国家，旧时代"洋人"、富人的特权、高傲、种族优越的遗毒仍未完全灭绝。受旅游者"奢侈"生活方式的诱导，使得在有些人看来，西方旅游者乃是发达资本主义国家经济财富力量的活象征，是资本主义成功的物质证明，从而在过高地评价西方资本主义的同时，贬低自己本国社会，认为外国的一切都好，自己国家的一切都不如外国。外国文化的入侵，也会冲淡当地文化的特色，损耗其文化价值和民族特色，失去旅游吸引力——传统朴实的乡风民俗被不正当地商业化，逐步失去了传统的意义和价值。

（二）干扰目的地居民的生活

任何旅游目的地的承载能力都是有限的。随着外来旅游者的大量拥入和游客密度的增大，当地居民的生活空间相对缩小，因而会干扰当地居民的正常生活，侵害当地居民的利益。更为严重的是，有些地区出现了一些愿意支付高额地价和赋税的外来定居者，而曾长期生活在那里的人们被迫离家而去。这种情况发展到一定程度时，当地居民在旅游发展初期阶段中对外来游客热情欢迎的友好态度便会转化为不满甚至怨恨。不容否认，旅游者所希望得到的是某种特定的经历并要求享受符合其本国水准的生活条件，而目的地旅游业所看中的很大程度上是营业利润，在当地物质供应能力有限的情况下，往往把质量上乘的旅游消费品有限供应给肯出高价并且以外汇支付的旅游者，水电供应亦优先保证旅游者的需要。这种直接同当地居民争夺有限数量消费品的情况，加之某些旅游者高傲自得和对当地风俗不屑一顾的蔑视态度，难免会激发当地居民的怨恨，甚至产生了对旅游的抵制，从而造成旅游者与当地居民之间人际关系的紧张。

（三）传统文化被不正当地商品化

（1）文化的商品化现象。传统的民间习俗和庆典活动都是在传统特定的时间、传统特定的地点，按照传统规定的内容、程式和方式举行的。但是，很多这种活动随着旅游业的开展逐渐被商品化，它们不再按照传统规定的时间和地点举行，为了接待旅游者，随时都会被搬上"舞台"，为了迎合旅游者的观看兴趣，活动的内容亦往往被压缩，并且表演的节奏明显加快。因此，这些活动虽然被保留下来，但在很大程度上已失去了其传统的意义和价值。此外，为了满足旅游者对纪念品的需要，当地工艺品大量生产，很多粗制滥造的产品充斥于市，这些产品实际上已不能表现传统的风格和制造技艺。对于只求价廉而不求货真的旅游者来说，这也许算不了什么。但是，一旦旅游者误以为他们所购买的就是反映当地传统工艺和地方特色的真正艺术品，以及将它们带回本国向亲友展示时，便会使当地文化的形象和价值受到损害和贬低。

（2）商品化的实质。商品化是一个过程。在这个过程中，事物（或服务）以它的交换价值衡量其价值，而成为商品出现在市场上，交换价值通常以价格的形式表现。在这个意义上说，旅游活动实际上是一种商品化的文化过程。在这个过程中，任何可以合法地吸引外来游客的文化因素，都可以作为商品提供给游客。文化商品化过程最终会反过来对文化本身造成影响。当这种文化越来越以外来游客为表演对象时，一些表演内容就会与真实活动有所区别，而失去或降低其原来的文化价值；也可能因此整理成另类成熟的东西——精致化、没落化、简单化。恢宏肃穆的山东曲阜的祭孔大典表演，外国人很感兴趣，当地人的表演从过去的弘扬传统、追慕伟人演变为表演挣钱。场面华丽了，程序简单了，其文化的精髓却不知不觉地被悄悄抽去了。所以商品化了的文化，是旅游现象的重要特征。

三、正确认识旅游的社会文化影响

（一）旅游的文化影响是自然而有限的

旅游活动对目的地社会文化的影响是自然而有限的。开展国际旅游的国家，给游客留下的印象并非全是自己期望宣传的形象。如果要实现这一点，很大程度上要取决于国际游客在接待国旅游期间是否实现了自己预期的愿望，取决于他们是否通过旅游产生或加深了对接待国的好感。如果他们在旅游期间没有获得预期的满意，甚至发生不愉快的经历，那么他们带回本国的非但不是对接待国的好感，甚至是牢骚、怨恨和批评。

同样，外出旅游也未必都能获得理论上预见的效果——陶冶情操和增长知识。早在18世纪时，亚当·斯密在观察了当时欧洲青年学生的修学"大旅游"（Grand Tour）之后便曾指出，"人们通常认为，这些年轻人通过旅游，回来以后会有很大的长进"。但是实际上，这种"大旅游"的结果是令人失望的。虽然在这些年轻人的旅行过程中，他们通常都会学到一两门外语知识，但其掌握程度之肤浅使他们很少有能力正确地用来谈话或写作。世界旅游组织对青年旅游的研究也曾指出，虽然青年旅游行为一种教育手段可起到开阔眼界、增长知识、了解世界、培养和增强个人习惯和社会习惯的积极作用，但在现实生活中，如果计划不周或采取的形式有误，青年旅游同样可能导致产生反面的教育结果。所以，青年旅游能否产生积极的效果在很大程度上取决于外出旅游的主旨和具体的旅游方式。用以比照我国的一些"素质教育旅游""革命传统教育旅游",往往是以此为借口,流于形式,期望与结果大相径庭。

(二) 旅游对文化的消极影响并非必然结果

在旅游对目的地社会文化的消极影响方面,它们也并非是发展旅游的必然结果。西方很多社会学家在论及旅游对目的地社会文化的影响时,往往偏重于消极的一面,并且以已经发生了的大量事实作为结论的依据。事实上,在世界各地旅游发展过程中,特别是在一些发展中国家,的确也因此出现了这样或那样的消极问题。但是,这些问题的形成和严重化不是没有条件的,也并不是不可克服或不可控制的。任何问题的形成都有一个从量变到质变的发展过程。在这个意义上,旅游对社会文化的消极影响一般应指其潜在性或可能性而言。这些消极影响在某些旅游接待国或地区导致了社会问题的形成,而在其他一些旅游目的地则可能并未形成社会问题。这些情况说明,如果说旅游对社会文化的潜在影响是绝对的,那么它们能否在当地形成社会问题则至少是有条件的,否则便不能解释为什么在某些地方形成了社会问题,而在另外一些地方则没有。

(三) 旅游规划是减少旅游消极影响的有效途径

当然,促使旅游的消极影响形成社会问题的条件是多种多样的。现实中很重要的一点便是同旅游接待国或地区的旅游规划工作有很大的关系。随着旅游者的大量拥入和游客的密度不断增加,旅游带给目的地社会的消极影响的程度也会随之加深。游客来访的数量一旦超过了当地的承载能力,这些消极影响的增长速度便会成倍地增加。所以,根据当地的自然条件和社会经济条件制定相应的旅游规划,防止和控制接待量饱和或超负荷是非常重要的。它并非单纯的经济问题。更重要的是通过制定量力而行的发展计划,既要尽量缩小和纠正大规模旅游所带来的消极影响,同时又要保证和维护扩大旅游者与当地居民之间的文化接触与交流所带来的好处。

古今中外的历史证明,一个国家或地区的文化需要得到外来文化的刺激才能不断完善、发展和前进。面对大规模旅游带来的消极影响,我们不能因噎废食而反对发展旅游,其主要原因:一是因为旅游对经济和社会文化毕竟有其众多的积极作用;二是因为很多消极问题的产生未必是发展旅游的必然结果;三是因为一些消极问题是可以通过我们的努力去控制和改变的。

认识旅游对社会文化的影响,主要目的是要在澄清问题的基础上采取措施,发展旅游对社会文化的积极作用,抵制和最大限度地缩小其消极影响。我国是社会主义国家,完全有条件使自己的旅游业沿着健康的道路发展。这不仅是发展旅游业的需要,同时也是社会主义精神文明建设的需要。

第四节 旅游的环境影响

所谓环境既包括目的地自然环境,也包括经人工创造的社会生活环境(人文环境)。

一、旅游与环境的关系

旅游与环境之间有着非常密切的联系,是一种相互依赖又相生相克的关系。一方面,环境资源为旅游产品的生产提供了最基本的成分。由于大多数旅游资源,无论是自然资源,还是历史遗留下来的和当代新建的人造资源,其本身就是目的地环境的组成部分,加之旅游者的访问活动的开展无一不是以目的地的环境为依托,所以旅游目的地的环境是构成当地总体旅游资源最基本的要素。它不仅是吸引旅游者来访的重要决定因素,而且其质量还将影响来访游客的访问经历和满意程度。

另一方面,旅游业生产出了诸多"副产品"——垃圾、废气、废水等。随着旅游业的开发和旅游者的来访,一些旅游带来的副产品被直接排放到环境中去,旅游目的地的环境因此不可避免地会发生变化。这种旅游对目的地环境的影响从一开始就不是潜在性的影响,而是事实上的影响。正因为如此,随着大众旅游的发展,人们对于旅游对环境的影响也愈加关注。时至今日,在不少国家中,保护环境和有助于改善环境已经成为旅游开发决策时首先要考虑的问题。

旅游项目的开发和旅游活动的开展在导致环境发生变化方面既有其积极的影响,也有其消极的影响;既有其直接的影响,也有其渐渐和诱导的影响。

二、积极方面的影响

旅游业对环境的积极影响表现在以下几个方面:
第一,有利于历史建筑、古迹遗址得到维护、恢复和修整。
第二,有利于休闲和娱乐场所以及相关设施的生存与发展。
第三,有利于道路、交通运输服务等基础设施的改善。
第四,有利于对旅游接待区的环境保护和绿化工作的重视和维持。

上述各项虽然在主观上可能都是出于发展旅游业的需要,都是为了造就和维持良好的旅游环境以吸引旅游者前来访问,但是在客观上起到改善目的地物质环境的作用。

当然,上述各项能否构成目的地环境的积极影响,最终应取决于当地社会的认同。一般地讲,旅游研究者乃至旅游者对上述方面的环境变化都给予积极的肯定。而当地社会对此是否认同，则可能会因地而异。例如，英国苏格兰地区的旅游协调委员会在其1992年提交的环境影响报告中，列举了旅游的开展对当地的物质环境带来的一系列具体影响，其中积极的影响基本上都将前述各项包括在内。然而，在非洲的一些地区，野生动物园的设立在当地居民中不仅不被看作是对当地环境具有保护作用的积极之举，反而被认为限制了当地游牧部落放牧土地，制约了当地的食物生产能力，因而，因设立野生动物园而带来的环境改变对于这些地区而言具有消极作用。

三、消极方面的影响

1. 增加污染来源，降低环境质量

随着旅游者的大量涌入和由此而导致的排污量的增加以及机动船只使用量的加大，当地的水质污染问题会更加严重；旅游交通运输量的增大和机动交通工具废气排放量的增多以及因旅游接待设施（特别是空调和冷藏设备）用电量的增大而导致发电燃油废气排放量的增多，都会加剧当地空气质量的下降；旅游交通（尤其是汽车、火车和飞机）运输量的增大以及夜总会和迪斯科舞厅的增多，都将会加重当地（特别是城市中）的噪声污染程度。

2. 人口密度增大，生活空间缩小

游客的数量相当于当地居民的数量，甚至超过数倍是旅游地常见的情况。人口密度的增大，侵占了当地居民的生活空间，无论怎样都会对社区生活产生消极的影响。居民的私密空间受到威胁，社区的和谐被打破，舒适度被降低，居民生活的习惯被强行改变等。

3. 危及历史古迹，破坏原始风貌

这不仅仅与旅游者的触摸攀爬以及乱刻乱画等不正当行为有关，而且游客接待量的增大本身就会侵害历史古迹的寿命。

4. 损害自然环境，破坏生态环境

旅游者的渔猎活动会影响野生动物的生存环境；沙丘会因人们的过度活动而遭受侵蚀；植被会因人们的过度踩踏而被破坏；旅游者乱丢废弃物不但会影响环境的美感质量，而且还会危机动植物的生存，等等。

5. 盲目开发和过度开发破坏自然景观

这方面最典型的例子莫过于在海滨沙滩的近水地段建造高层饭店。在20世纪80年代以前，这种事例在欧美国家中多有发生，曾成为媒体批评和报道的热点问题。尽管这类事例在今天的发达国家中已比较少见，但是在不少发展中国家，特别是在其旅游业的迅速兴起时期，这类事例依然是比较常见的问题。如，我国海南文昌的椰树林几乎就被一哄而上的饭店给占满了。正因为如此，很多国家对此都采取了控制措施。在毛里求斯，政府规定在海滩地区兴建有关设施时，其建筑物的高度不得超过当地椰树的高度。在印度的某些地区，政府规定建筑物的兴建必须退后于海滨沙滩一定的距离。

第五节　旅游可持续发展

　　旅游活动对目的地环境产生的影响，既有直接的影响，也有间接的影响。由于旅游业的综合性特征，它的影响和被影响都有波及性和多因性。所以说旅游业是"脆弱的"行业。旅游业的发展和来访旅游者的增多必然会扩大其对其他行业或服务的需求，很多其他行业因此而需要扩大其生产和再生产。这些活动的发生必然会对当地的环境产生这样或那样的影响，这些影响虽然不是旅游业或旅游者直接造成的，但追根溯源都与旅游的发展有关。所以，旅游发展必须考虑与环境、相关行业、社会的发展协调同步，走可持续发展的道路。

一、可持续发展理论的由来

（一）历史线索

　　对于旅游发展带给目的地的各种消极影响，特别是对目的地物质环境的消极影响，人们早有所察觉。

　　美国女海洋学家 R·卡逊的著作《寂静的春天》在 1962 年的出版，是人类对生态环境问题开始关心的标志。卡逊提出了人类必须与其他生物共同分享地球，在人与生物之间建立合理的协调，才能维持人类健康生存的看法。

　　1972 年 3 月，罗马俱乐部发表了由 D·米都斯主持的第一个研究报告《增长的极限》，在这里已经提出了可持续发展的思想。

　　1972 年 6 月，在斯德哥尔摩召开了第一次"人类与环境会议"。会议期间，出版了经济学家 B·奥德和生物学家 R·杜博的报告《只有一个地球：对一个小小行星的关怀和维护》。会议还通过了《人类环境宣言》，这些著述都对旅游所带来的消极影响表示过种种担忧或提出过警告。

　　但是，在大众旅游兴起之后相当长的时间内，由于人们主要关注的是旅游带给目的地的经济收益，因而这方面的巨大声浪淹没了一些有识之士关于警惕消极影响的呼喊。旅游和旅游业发展较早的发达国家尚且如此，出于发展经济和创汇目的而发展旅游业的发展中国家的情况更不必说。

　　这些情况到了 20 世纪 80 年代初出现了较为明显的变化。随着旅游活动规模的扩大和一些旅游接待地区接待能力饱和现象的出现，人们对旅游活动的消极影响开始重视，并逐渐有了较为全面的了解和认识。

20世纪80年代中期至末期环境保护主义的兴起与"绿色"意识的形成和普及,进一步提高了人们对环境问题的关注程度。所有这一切都使得人们开始重新评价旅游对目的地的作用和价值,也正是在这一重新评价过程中,人们发现并引进了"可持续发展"这一概念。

(二)布伦特兰报告

"可持续发展"(Sustainable Development)一语源于"可持续性"这一概念。对于这一概念,人们有着不同的解释。例如,人们最初将"可持续性"解释为"保护和加强自然环境系统的生产和更新能力"。后来,人们对"可持续性"概念的解释不断延伸,因而出现了社会可持续性、经济可持续性等方面的解释。对于"可持续性"最具权威的解释莫过于1987年联合国世界环境与发展委员会的"布伦特兰报告"中所做的解释。

1987年,由布伦特兰担任主席的联合国环境与发展委员会以《我们共同的未来》为标题,提出了一份研究报告,该报告对当前人类在经济发展与环境保护方面存在的问题作了系统而全面的评价,并正式提出了"可持续发展"这一术语和口号。这就是著名的《布伦特兰报告》(The Brundtland Report)。该报告中对"可持续性"概念做了简短而明确的解释,即"满足当代人的需要而又不损害子孙后代满足其自身需要的能力"。也就是说,所谓"可持续发展"既要以满足当代人的需要为目的,同时也要以不损害后代人为满足其自身需要而进行发展的能力为原则。所以,就其所主张的社会发展观而言,可持续发展强调的是代际公平分配,以使当代及未来人类的需要都能够有条件得到满足;就其经济观而言,强调经济发展和增长必须建立在维护地球自然系统这一基础之上;就其生态环境观而言,强调人类应与大自然和谐相处,使人类赖以生存的自然环境能够切实得到保护,等等。由此可见,可持续发展观念的提出是对传统发展模式的挑战,是为谋求新的发展模式而创立的新的发展观。

可持续发展观的提出正值人们对旅游的作用和影响进行全面评价之时,因而很快为人们所接受,并成为对旅游发展进行重新评价的中心议题,"可持续旅游"(Sustainable Tourism)一语也因此而产生。可持续旅游的提出,要求人们以长远的眼光从事旅游经济开发活动并对经济不断增长的必要性提出质疑,以及要求确保旅游活动的开展不会超过旅游接待地区未来亦有条件吸引和接待旅游者来访的能力。

二、可持续旅游发展的内容

关于可持续发展的内容,可见于"Globe'90"国际大会上所提出的目标:

(1)增进人们对旅游所产生的环境影响与经济影响的理解,加强人们的生态意识；

(2) 促进旅游的公平发展；

(3) 改善旅游接待地区的生活质量；

(4) 向旅游者提供高质量的旅游经历；

(5) 保护未来旅游开发赖以生存的环境质量。

从这些目标可以看出，可持续旅游的含义是多层面的。但其最核心的一点，便是要确保在从事旅游开发的同时，不损害后代人为满足其旅游需求而进行旅游开发的可能性。换言之，就是要从长远观点出发，全面认识旅游的影响，在满足人们开发旅游业和开展旅游活动的需要方面，实行代际平衡。

三、实现可持续旅游发展的关键

（一）可持续旅游发展的核心问题——旅游承载力

简单地讲，旅游承载力是指一个旅游目的地在不至于导致当地环境和来访游客旅游经历的质量出现不可接受的下降这一前提之下，所能吸纳外来游客的最大能力。

旅游承载力所涉及的内容很多。综合国际学术界的普遍看法，一个旅游目的地的承载力由多个方面共同构成和确定，其中主要包括：

(1) 旅游设施用地的承载力，指适合用于建造旅游设施的土地数量以及这些设施的最大综合接待能力。

(2) 物质环境承载力，指在不至于导致当地旅游环境的对外吸引力出现下降的前提下，所能接待来访游客的最大数量。

(3) 生态环境承载力，指在不至于导致当地的生态环境和生态体系发生不可接受的变化这一前提下，所能接待来访游客的最大数量。

(4) 社会承载力，亦称社会心理承载力，指在不至于导致社会公众的生活和活动受到不可接受的影响这一前提下，所能接待来访游客的最大数量。

显然，旅游承载力决定着可持续旅游发展的规模极限。由于随着旅游者来访数量的增加，旅游带给目的地环境和社会文化的消极影响的程度也会随之加深，因而，游客来访量的增加一旦超过当地的旅游承载力，这些消极影响的程度便会突破当地环境和社会文化的自净或免疫能力，从而极易使原来的潜在影响转化成为现实的严重问题。在这个意义上我国在发展旅游业之初所提出的关于"量力而行"的发展原则——不论当时人们怎样去理解——在推行可持续发展的今天，仍然具有重要的指导意义。

旅游承载力在理论上不难为人们所理解，但在实践中往往不大容易被重视。这主要是由于环境质量下降到何种程度才是"不可接受的"，以及旅游经历的质量下降于何时发生等问题是由旅游目的地的管理者和旅游者来决定的。换言之，一个旅游目的地的承载力水平既取决于该地的客观条件，在一定程度上也取决于该地管理者的决策。

（二）旅游管理能力——旅游影响消极还是积极结果转化的关键因素

致使旅游的潜在消极影响转化为严重的现实问题的再一影响因素是接待地区的旅游管理能力。有些目的地的旅游接待量可能并未超越当地的旅游承载力，但旅游的消极影响已经转化为严重的现实问题，其原因在很大程度上在于当地的旅游管理能力较差。

预防和控制旅游的消极影响扩大化的一般措施：

（1）端正认识。不能单从经济的观点看待旅游业的发展，对旅游的经济效应和环境影响应有全面的理解和认识，在追求经济收益的同时，强化环境意识和可持续发展思想。

（2）加强旅游规划，防止超负荷发展。为了防止旅游消极影响的扩大，必须要量力而行地进行旅游开发，将开发规模和旅游接待量控制在旅游承载力容许的范围之内。在制定规划时，应注意旅游开发的合理布局。在实施规划时，应注意根据情况的发展变化，行使有效的控制。

（3）健全法制，加强管理。目的地政府和旅游行政部门要建立和健全有关法律和法规，将旅游企业和旅游者有害于环境的行为置于法律和法规的监督之下。

（4）加强宣传教育，进行旅游伦理建设。旅游接待地区应向旅游从业人员和当地居民进行环境保护的宣传教育，应使他们明白，如果当地人自己不注重和爱护环境，则无理由要求外来旅游者爱护当地环境。同时，旅游接待地区应通过旅游企业向旅游者告知有关的法律法规和注意事项，使其了解哪些事情不可以做，以避免其危害环境行为的发生。

知识归纳

旅游活动的开展会对旅游接待地区的各个方面都产生一定的影响，主要包括经济影响、社会文化影响和环境影响。

首先，旅游是一支强有力的经济力量，能够创造就业、外汇和税收。人们从很多国家旅游发展的现实中也明显发现，发展旅游可以给旅游接待国或地区带来多种经济利益，如增加外汇收入、提供就业机会、增加政府税收、刺激经济发展等。然而，随着旅游活动规模的不断扩大，也不可避免地会给接待地区的经济带来某种程度的负面影响。

其次，旅游对环境的影响既包括对目的地的自然环境和生态环境的影响，也包括对以城市环境为代表的经人工建造的社会生活环境影响。随着旅游业的发展和大量旅游者的来访，旅游接待地区的环境不可避免地会发生某种程度的变化。

最后，在我国，由于旅游业发展的历史较短，人们关注的重点在于如何发展和优化我国的旅游经济，加之旅游对接待地区社会文化的影响不如对经济和环境的影响来得直观和易于察觉，而且旅游对于社会文化的影响往往是需要经过较长一段时间后，其影响的结果才逐渐显现出来。因此，对于旅游社会文化影响的关注少于经济和环境两个方面。旅游对经济、环境和社会的影响都包括了积极和消极两个方面，需要客观和辩证地看待积极和消极影响的关系和相互作用，尤其要注意旅游规划、开发、设计和管理过程中的科学性，掌握好"度"，通过科学的规划与开发以及通过行使有效的管理控制和减弱消极影响，增强积极影响。

复习思考题

1. 什么是旅游活动的影响？它可以分为哪几类？
2. 怎么理解文化漂移、文化涵化现象？
3. 为什么说旅游对目的地的社会文化会产生消极影响？
4. 怎样避免或减少旅游环境的消极影响？
5. 什么是可持续发展理论？
6. 可持续发展观念为什么会十分普及？
7. 为什么承载力对旅游发展很重要？

第八章

旅游业的未来发展

学习目标

1. 了解我国旅游业发展面临的挑战及未来发展趋势。
2. 了解互联网+背景下旅游产业的发展态势。
3. 掌握智慧旅游的概念及作用。
4. 了解"互联网+旅游"的内涵。
5. 掌握全域旅游的概念、特征及内涵。

随着社会经济的不断发展、环境的不断变化,旅游业面临十分严峻的挑战,但是无论外界环境如何变化,不断适应环境的深化改革和旅游惠民的主旨不应变化,只有紧紧围绕这一基点,旅游业方能长期稳定发展。

旅游是人类社会文明发展的产物,随着人类社会生产生活方式的变化,旅游活动、旅游需求、旅游功能、旅游产业都在不断发生变化,旅游业已不只是传统的服务产业,而更加具有政治、经济、文化、生态等多方面的功能。

导入案例 全域旅游国内经典实践经验——江西婺源

婺源县地处赣东北地区,是一个生态大县,绿化面积高,却顶着国家级贫困县的帽子。一度面临农业低端徘徊、工业结构单一、周边交通闭塞、人民生活困苦的现状,长期以来,旅游者一直保持着对其"贫穷落后""农业大县""交通不便"的形象感知。而"5A婺源"理念的提出及实施，则扭转了外界对婺源的看法及感知，成为县域旅游发展的新亮点和扶贫旅游的典型案例，同时也成为全域旅游背景下业界谈论的热点与关注的焦点。2015年12月，婺源县被列入国家全域旅游示范区名单。婺源县打造全域旅游目的地的主要做法主要包括以下几个方面。

1. 全域理念和制度创新的顶层设计

依托自身优势，婺源在全国率先提出"打造'5A'级景区县域"，即"5A婺源"的新理念，把4 279平方公里县域打造成开放式的5A景区。同时，各个产业按照旅游的标准和理念来转变发展方式：农业围绕旅游调整结构，工业围绕旅游开发产品，城镇建设围绕旅游完善功能，社会服务围绕旅游突出特色。为保障"5A婺源"有章可循、有据可依，婺源参照国家5A景区标准、《中国优秀旅游城市检查标准》、《中国旅游强县标准》等内容，结合自身实际，编制了《"5A婺源"标准（草案）》，成立旅游标准化领导小组，下发《婺源县旅游标准化试点实施方案》，多次举行培训会议。

2. 机制运行及规划设计的保障支撑

为保证"5A"目标顺利实现，婺源参照北京市和海南省的经验，决定"撤局建委"，把县旅游局升级，更名为"县旅游发展委员会"，由县政府直属机构调整为县政府组成部门，形成部门联动。为保证旅游规划的科学设计及规划工作的有效衔接，把熟悉本地旅游环境的"土专家"和专业的旅游规划机构相结合，成立了婺源旅游规划研究院，专门进行旅游开发宣传推介的规划研究设计工作。

3. 全民参与和资源共享的政策安排

"5A婺源"的打造，实现了上自县委书记、县长，下至普通百姓的全员参与，调动了建设"5A婺源"的积极性。成立了以县委书记任主任、县长任副主任的"5A婺源"建设指挥部，确定了"5A婺源"的总体思路、总体目标、发展定位及支撑项目，建立了打造"5A婺源"联席会议制度，制订了"5A婺源"标准和考评体系，把120项任务分解到65个县直单位和乡镇，实现了全体动员，全民参与。婺源县为回馈社会，于2013年开始推出A级景区免票政策，不断优化免票举措，推出"分时段分区域免票"措施，真正达到了惠民利民的目的，为其赢得了良好的旅游口碑。

4. 全方位多角度的立体化品牌营销

首先，在形象上进行整体营销。县域范围内所有景区都以"真山真水真空气，5A婺源欢迎您"为主题，全县域统一策划，打包营销，整体宣传。

其次，通过系列活动进行品牌打造。通过开展节庆活动，推介"5A婺源"。再次，利用名人效应进行品牌宣传。邀请著名演员、著名作家、文学评论家、经济学家、旅游专家等名人体验、评论、宣传"5A婺源"。最后，运用新媒体进行微博营销。组建了由86个实名认证微博组成的"微之博动队"，为游客进行旅游咨询、了解免票区域及时间、到达景区线路等提供了便利。

讨论：上述打造全域旅游目的地的案例给您哪些启发？

第一节　旅游业发展面临的挑战

一、当前我国旅游业发展存在的问题

（一）旅游从业人员整体素质水平不高

当前我国从事旅游业的服务人员整体素质水平相对较低，专业水平差。管理人员对市场定位不清，理解不够深入，往往通过价格吸引客源，不利于旅游业的长期发展，部分导游不注重技能水平的提升，过分追求经济效益，不惜损害游客利益。

（二）行业管理水平有待提升

有效的行业管理水平是制约我国旅游产业发展、转型升级的重要问题，宏观调控能力呈现不足的状态，导致旅游市场的秩序混乱地。一方面，行业内容竞争混乱，单纯以价格战吸引游客的事情时有发生，极大地影响了其他组织的利益；另一方面，行业经营秩序混乱，损害游客利益的事件时有发生，游客自身合法权益得不到保障。

（三）旅游基础设施建设不够完善

目前我国对旅游景区的基础设施建设投入较少，基础设施建设不够完善。一方面，景区的安全基础防护设施建设存在漏洞，游客人身安全无法得到充分保障；另一方面，旅游景区的交通设施建设不足，相关服务场所建设不足，过分追求高层次化，忽略了普通游客的承受能力范围。

（四）旅行社产品单一、缺乏多样化

旅行社在产品开发方面存在不足：产品开发投入不足，缺乏特色创新，同质化问题严重，难以吸引大家眼球，同时旅游从业者专利保护意识不足，侵权事件经常发生。

二、传统旅游业面临新的挑战

随着新媒体、大数据时代的发展，我们的生活方式发生了很大的改变。同时，这也影响着旅游业的发展模式。从旅游景点的选择、行程安排、预订、出行、评价体系等一系列旅游消费链来看，无处不存在着现代信息技术的背影，尤其在互联网快速发展的今天，更是如此。传统旅游行业面临一系列的挑战。

（一）互联网时代迫使传统旅游行业进行转型升级

互联网的快速发展，已深深影响、改变了人们的生活方式。伴随着信息技术的日新月异，手机智能终端的普及，"去哪游""游什么""怎么游"等活动问题都能通过网络解决。

根据携程旅行网发布的《2015年旅游者意愿调查报告》显示，游客选择在线网络、电话、移动终端购买旅游产品的比例超过八成，其中移动终端使用比例超过四层，相比一年前，增长了10倍，而选择线下旅行社门店购买产品的不足两成，以往旅行社的看家本领，随着互联网时代的到来被"一机搞定"。高速网络的形成促进了一大批同城化的旅游圈发展。相邻城市之间，区域与区域之间逐步融为一体，通过城市之间的融合，游客能够分享城市化所带来的发展成果，同城化旅游圈使得合作区域辐射力、扩散力、竞争力越来越强，互联网时代为旅游产业的发展奠定了基础。

（二）微时代的到来要求旅游营销另辟蹊径

微时代的主要特征就是自媒体、微传播，即以微博、微信为代表的新传播成为文化、咨询传播的路径，微时代信息的传播因其瞬时性和扁平化，速度比传统传播媒介快，传播的内容更具冲击力和震撼力，可以在极短时间内吸引大家的眼球及兴趣。随着4G网络的快速应用，人人都是信息传播的主体，这也为旅游宣传营销拓展了空间。网络营销的即时性、主体性、互动性等特性也为游客提供了仿佛亲身体验的感受。

微时代更值得注意的是，随着微信、支付宝等平台增加了支付功能，便捷的"微支付"开始成为一种崭新的生活时尚，这将对包括旅游业在内的服务也产生翻天覆地的影响。

（三）跨境时代的到来要求产业深度融合

随着人们经济生活分工的更加细化和各产业的不断跨界融合，产业与产业、行业与行业直接的界限更加模糊，功能互相交叉，跨界融合、跨区域融合已成为现实，对旅游业更是如此。因而旅游活动的维度越来越"泛"，更进一步的促使旅游业与其他产业的融合，旅游业已不再是单纯的现代服务业，据统计，旅游经济涉及的部门有 32 个，直接或间接关联的行业有 120 多个。现在的旅游产业已成为社会性产业，具有政治、经济、文化等多重功能。

第二节　科技发展对旅游业的影响

科学技术的发展对人类的文明与生活产生了重要的影响。旅游活动作为人们的一种重要的经济社会与文化活动也必然受益于科技的发展。在旅游业发展的历程中，我们不断发现科技与旅游的融合。

一、智慧旅游

（一）智慧旅游的提出

1. 智慧旅游的定义

"智慧旅游"是顺应信息技术发展而产生的，是智慧城市和智慧地球两个概念的延伸，其概念最早在 2009 年 5 月的世界经济论坛《走向低碳的旅行及旅游业》的报告中正式提出。在我国，"智慧旅游"的实践在各城市中已经开始，但一直没有正式提出。直到 2010 年，江苏省镇江市在全国率先提出"智慧旅游"这一概念，并开展了"智慧旅游"的项目建设，引起全国广泛关注。2011 年 7 月 12 日，国家旅游局在全国旅游局长研讨会议期间提出，我国将争取用 10 年左右的时间在我国初步实现基于信息技术的智慧旅游。

智慧旅游是以新一代信息技术（智慧技术）实现旅游资源、信息资源和社会资源的整合、共享与有效利用，从而满足旅游者个性化需求。

2. 智慧旅游的表现

（1）服务智慧。

智慧旅游从游客出发，通过信息技术提升旅游体验和旅游的品质。游客在旅游信息获取、旅游计划决策、旅游产品预订支付、旅游享受和旅游回顾评价的整个过程中都能感受到智慧旅游带来的全新服务体验。通过科学的信息组织和呈现形式让游客方便快捷地获取旅游信息，帮助游客更好地安排计划和行程。通过基于物联网、无线技术、定位和监控技术，实现信息的传递和实时交换，让游客整体的旅游品质、舒适度和满意度更加提升。

智慧旅游还将推动传统旅游消费模式向现代旅游的消费模式转变，引导游客产生新的旅游思维和旅游文化。

（2）管理智慧。

智慧旅游将实现传统旅游管理方式向现代管理方式进行转变。通过信息技术，可以及时准确地掌握游客的旅游活动信息和旅游企业的经营信息，实现旅游行业的监督从传统的被动管理、事后管理向过程管理、实时管理转变。

智慧旅游支持旅游企业广泛应用信息技术，改善经营流程、提升管理水平、提高产品和服务竞争力，增强游客、旅游资源、旅游企业和旅游主管部门之间的联系互动，高效地整合旅游资源，推动旅游产业的发展。

（3）营销智慧。

智慧旅游通过旅游舆情监控和数据的分析，发掘旅游热点和游客的兴趣点，引导旅游企业开发对应的产品，制定对应的营销策略，从而推动旅游行业的产品创新和营销创新。通过量化分析营销渠道，筛选效果显著、能够长期合作的营销渠道，还可以充分利用新媒体传播特性，吸引游客主动参与旅游的传播和营销，并通过积累的游客数据和产品的消费数据，逐渐形成自媒体营销平台。

（二）智慧旅游的构成及其功能

1. 智慧旅游的构成

结合目前各城市智慧旅游的实践成果，智慧旅游的构成包括三大部分："一心""二端""四技术"（见图8.1）。

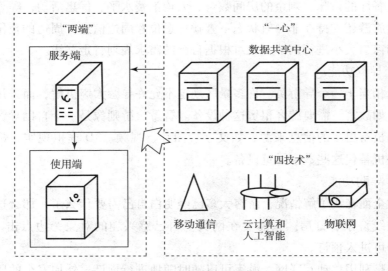

图8.1 智慧旅游体系的构成

"一心"是指旅游数据共享中心，其构建依赖于服务器群、网络宽带、云计算技术等，并通过网络将数据处理结果传至客户端。"服务端"即为用户服务，它在旅游数据分享中心的基础上，向用户提供各类信息服务，如旅游资源信息、线路信息、餐饮住宿信息。"使用端"表示用户可以通过智能终端设备来进行信息咨询，从而满足自身的旅游需求。"四技术"的作用就是传递信息，它所涉及的实现信息实时传递的技术主要有 RFID、蓝牙、4G、WIFI、视频监控等。

2. 智慧旅游的功能

（1）导航功能。

将位置服务加入旅游信息中，让旅游者随时知道自己的位置。确定位置的方法有很多，如 GPS 导航、基站定位、WIFI 定位、RFID 定位、地标定位等。

智慧旅游将导航和互联网整合到一个界面，当 GPS 确定位置后，最新信息将通过互联网主动弹出，如交通事故、交通堵塞、管制、限行、停车场及车位状况等，并可查找其他相关信息。与互联网联合是今后的发展趋势。通过内置或者外接 GPS 设备，用已经连接上的互联网平板电脑，在运动中的汽车上进行导航，位置信息、地图信息和网络信息都能很好地显示在界面上。随着位置的变化，各种信息也会及时更新，并主动显示在网页或地图上，体现了直接、主动、及时和方便的特征。

（2）导游功能。

在确定了位置的同时，在网页上会主动显示周边的旅游信息，包括景点、酒店、餐饮、车站、活动、朋友或团友等的位置和大概信息，如景点的级别、酒店的级别、餐厅的口味、剩余的房间数量、人均消费水平、优惠活动，等等。

智慧旅游还支持在非导航状态下查找任意位置周边信息，周边的范围大小可根据地图窗口大小进行调节，也可根据自己的需求规划行走路线。

（3）导览功能。

导览相当于一个导游员。许多景区规定不允许导游大声讲解，而采用数字导游设备，如故宫，需要游客租赁这种设备。智慧旅游则像是一个自助导游员，又比导游人员有更多的信息来源，如文字、图片、视频、3D 虚拟现实，戴上耳机就能让手机替代这些数字导览设备。

（3）导购功能。

经过全面在线了解情况，游客大多已经明白自己需要什么了，那么这样就可以直接在线订票、订房。只需要在网页上自己感兴趣的对象旁边点击"预订"按钮，即可进入预订。

由于是利用移动互联网，游客可以随时随地进行预订。外加安全的网上支付平台，就可以随时改变和制定下一步的旅行计划，而不浪费时间和精力，也不会错过精彩的活动。

（三）发展智慧旅游的意义

1. 更好地为旅游者服务

智慧旅游的根本目的是从游客出发，基于物联网、云计算、定位技术，实现旅游信息的传递和交换，更好地为游客服务。首先，可以大大提升旅游体验，游客在旅游的整个过程中都能感受到"智慧旅游"带来的方便与快捷。其次，能够有效提升旅游安全保障。最后，可以更好地帮助游客制定旅游计划并形成旅游决策。

2. 能够实现科学合理的旅游管理

智慧旅游在为游客服务的同时，也将实现传统旅游模式向现代旅游模式的转变。一是通过现代信息技术，主管部门能够实现更加及时的监督和实时管理。二是可以更好地维持旅游秩序，有效处理旅游质量问题，实现与交通、公安、卫生等部门的信息共享和协作。智慧旅游加深了旅游管理部门、旅游者、旅游企业和旅游景区的联系，高效整合了旅游资源，实现了科学的旅游管理。

3. 改变旅游营销方式

智慧旅游通过旅游数据的分析，最大限度地挖掘了游客的兴趣点，引导了旅游企业策划符合游客需求的旅游产品，制定相应的营销模式，从而推动了旅游行业的产品创新和营销创新。

4. 促进新兴产业的发展

智慧旅游在旅游发达地区优先建设应用，影响着物联网、云计算、大数据等信息产业的发展；同时，将促进智能终端产业以及旅游在线服务、搜索引擎、GPS 定位等相关产业的快速发展。

5. 加快智慧城市建设

"智慧旅游"也是"智慧城市"建设的重要组成部分。"首届中国旅游融合化发展论坛暨第三届中国旅游信息化发展论坛"于 2011 年 12 月 17 日至 18 日在河北遵化举行，会议发布的《遵化共识》，倡导抓住中国旅游业的发展机遇，将"智慧旅游"的建设融入智慧城市的建设中去。智慧旅游与智慧交通、智慧医疗、智能公共安全等其他智慧系统密切联系，通过信息交互平台构建通畅的交互和管理协同机制，共同促进智慧城市的建设。

二、旅游与"互联网+"

（一）互联网+

在 2015 年 3 月的十二届全国人大三次会议上，李克强总理在政府工作报告中首次提出了"互联网+"行动计划。"互联网+"代表了一种新的经济形态，即充分发挥互联网在生产要素配置中的优化和集成作用，提升实体经济的生产力和创新力，形成更加广泛的以互联网为基础设施和实现工具的新经济形态。

（二）互联网时代下的旅游产业化

1. "互联网+旅游"，拓展旅游新业态

智慧旅游通过"互联网+旅游"消费生产经营、组织管理和服务等各个方面来实现和具体体现。以"1 + n（养老、养生、温泉、亲子、餐饮、住宿、娱乐、购物等）"为模式，自然生态的要素、气候环境的要素、历史文化要素、流通消费的要素和创新创意的要素被激活，各类传统上不相关的产业要素融通，形成以一产为基础、二产为支撑、三产为亮点，三大产业协同发展的复合产业关系。从这个意义上，旅游是一种产业融通剂，也是产业发展的变压器，在产业整合当中塑造着新生态和新未来。

2. "互联网 + 旅行社"，服务内涵新拓展

旅行社是为旅游消费者提供计划安排和组织接待的综合性旅游服务的经营服务组织，由于组合、依托其他旅游经营服务者的产品、服务来开展经营服务，及时、充分掌握各方面信息是非常重要的，互联网毫无疑问是旅行社经营效果最好、效率最高的方式。因此，不但传统旅行社最早建网、用网，而且"互联网 + 旅行社"的旅游电子商务企业发展更快、效果更好。

3. "互联网 + 营销"，旅游宣传新水平

旅游新媒体营销在外部形态上，主要表现为应用互联网生动形象地展示宣传旅游目的地及旅游产品、服务项目，及时互动，进行针对性推介，并延伸至旅游计划安排建议、网上预订和通知，实现更有效、更快速的目标。

在内部支撑方面，主要是运用大数据、云计算、物联网等信息化技术，收集、汇总、分析游客及旅游消费数据，研究确定旅游推广的目标区域、重点人群，并根据其选择目的地及产品、服务的特点使用相应的推广营销方式、时间、大幅提高旅游营销的针对性、精确度，使得效益更高、效果更好。

第三节 大数据时代下我国旅游业发展的新趋势

随着"互联网 +"概念的兴起，我国旅游市场与互联网，特别是与移动互联网的结合越来越紧密，未来居民旅游消费将变得更加多样化，游客将逐步主导旅游产品，旅游附加值将成为旅游新市场。

一、"非标准住宿"引起生活新消费，成为旅游经济新触点

餐饮和住宿毫无疑问是决定旅游质量的关键因素，当下越来越多的旅游爱好者期望能够在旅行中体验到当地的风土人情，随之国内出现一股以短租界鼻祖 Airbnb 为模板的"非标准住宿"平台创业潮。如蚂蚁短租、住百家、自在客等为代表的非标准住宿平台，同时更有不少 OTA（Online Travel Agency，在线旅行社）巨头的布局，例如去哪儿推出的酒店住宿平台"去呼呼"。国内几大快捷连锁酒店也已经开始做自己的长租公寓，如"城家""逗号""窝趣"等。

2015年11月,国务院颁发《关于加快发展生活性服务业促进消费结构升级的指导意见》,提出要积极发展民宿、短租公寓。该意见的出台让一直徘徊在法律边缘的非标准住宿的创业者释怀,中国旅游研究院院长戴斌表示目前国内酒店表面上看是供大于求,但事实上也存在有效供给不足的现象,生活类消费是一个重要的组成部分,在中国市场已经处于爆发式的前期,非标准住宿将迎来黄金期。

二、度假市场成兵家必争之地,OTA具体布局催生并购

2015年10月,携程通过与百度股权置换得到去哪儿约45%的股权,"去携"的合并一定程度上预示着PC时代的结束,标志着低客单价高标准化的机票酒店预订行业进入稳定发展阶段。而高客单价低标准化的休闲旅游将引领未来的发展趋势。目前携程无疑开始发力之前相对其他板块渗透不高的在线度假领域。

三、酒店业抱团取暖成趋势,进军国际市场打造国际化企业

随着携程网与去哪儿网的联姻,掌握绝大多数酒店资源的携程网无疑会造成产业垄断,相对于携程网一直以来对酒店业的高压政策将无疑倒逼着酒店业抱团取暖。酒店业自建平台后其成员酒店可以较低成本赢得客源,并稳定现有直销客户,减少对OTA的依赖。除此之外,酒店业也不断上演并购潮,例如锦江收购铂涛,万豪收购喜达屋。不少业内人士认为,携程、去哪儿网的"联姻"将使国内旅游行业产生国际化大公司。

四、传统旅游产业转型升级,旅游产业线上线下加速融合

自2015年起,旅游产业线上线下互相渗透互相融合的速度加快,可以看到不少互联网旅游企业加速落地,与此同时不少传统的旅行社也在转变模式,积极拥抱线上。

目前来看旅游产业线上线下加速融合可分为三种模式:
①线下资源+线上平台;
②综合资源+线上平台;
③线上渠道+线下渠道。

互联网旅游在经历了2014年的市场发酵后在2015年迎来了大爆发,随着去哪儿网与携程网的联姻,在线旅游行业会提前结束战斗,上下游加速整合,未来旅游企业线上线下的双向互动及融合将成为必然的发展趋势。

知识归纳

我国传统的旅游产业在发展中仍然存在着诸如从业人员素质水平较低、旅游基础设施投入不足、行业管理手段缺乏和旅游产品单一等问题。随着互联网技术的蓬勃发展和移动互联网时代的到来，传统旅游产业显而易见地会面临诸多的挑战，但从另一方面而言，这也给传统旅游产业带来诸多的发展机遇。

信息技术的发展，从方方面面改变着人们的生活形态，也改变着旅游业的运作方式以及旅游者的消费习惯和模式。为了加快旅游业向现代服务业升级转型，我国提出了适应时代发展要求的一系列旅游发展新概念和新模式，智慧旅游、"互联网＋旅游"和全域旅游已经充分融入了我国的旅游发展实践中，并取得了一定的成果。随着信息技术的飞速发展，移动互联网时代改变了人们的生活方式和消费习惯，旅游市场已经由以产品为导向转变为以游客需求为导向，旅游的新形式、新产品、新概念层出不穷，无论是传统的旅游企业还是新兴的在线旅游服务商，纷纷通过各种资本运作方式和市场营销手段提前布局旅游产业的创新点，从而增强自身在未来旅游市场中的竞争筹码。从另一方面来看，旅游企业的重组、合并、升级转型等市场行为，也有力地推动了我国旅游产业的创新发展。

复习思考题

1. 简述我国旅游产业在移动互联网时代背景下的发展趋势及面临的挑战。
2. 什么是智慧旅游？它有哪些功能？
3. 在互联网＋的时代背景下，传统旅行社如何面对线上旅游服务商的竞争？

附：《中国旅游资源普查规范》

前　言

本标准文本包括三个核心内容：旅游资源分类、旅游资源调查、旅游资源评价。

本标准的附录 A、附录 B、附录 C 为规范性附录。

本标准由国家旅游局提出。

本标准由全国旅游标准化技术委员会归口并解释。

本标准起草单位：中国科学院地理科学与资源研究所、国家旅游局规划发展与财务司。

本标准主要起草人员：尹泽生、魏小安、张吉林、汪黎明、陈田、牛亚菲、李宝田、潘肖澎、周梅、石建国。

引　言

旅游资源是构成旅游业发展的基础，我国旅游资源非常丰富，具有广阔的开发前景，在旅游研究、区域开发、资源保护等各方面受到广泛的应用，越来越受到重视。

旅游界对旅游资源的含义、价值、应用等许多理论和实用问题进行了多方面的研究，本标准在充分考虑了前人研究成果，特别是 1992 年出版的《中国旅游资源普查规范（试行稿）》的学术研究和广泛实践的基础上，对旅游资源的类型划分、调查、评价的实用技术和方法，进行了较深层次的探讨，目的是更加适用于旅游资源开发与保护、旅游规划与项目建设、旅游行业管理与旅游法规建设、旅游资源信息管理与开发利用等方面的工作。

本标准是一部应用性质的技术标准，主要适用于旅游界，对其他行业和部门的资源开发也有一定的参考意义。

旅游规划通则

1. 范围

本标准规定了旅游资源类型体系，以及旅游资源调查、等级评价的技术与方法。

本标准适用于各类型旅游区（点）的旅游资源开发与保护、旅游规划与项目建设、旅游行业管理与旅游法规建设、旅游资源信息管理与开发利用等方面。

2. 规范性引用文件

下列文件中的条款通过本标准的引用而成为本标准的条款。凡是注日期的引用文件，其随后所有的修改单（不包括勘误的内容）或修订版均不适用于本标准，然而，鼓励根据本标准达成协议的各方研究是否可使用这些文件的最新版本。凡是不注日期的引用文件，其最新版本适用于本标准。

GB/T 2260 中华人民共和国行政区代码

3. 术语和定义

下列术语和定义适用于本标准。

3.1 旅游资源 tourism resources

自然界和人类社会凡能对旅游者产生吸引力，可以为旅游业开发利用，并可产生经济效益、社会效益和环境效益的各种事物和因素。

3.2 旅游资源基本类型 fundamental type of tourism resources

按照旅游资源分类标准所划分出的基本单位。

3.3 旅游资源单体 object of tourism resources

可作为独立观赏或利用的旅游资源基本类型的单独个体，包括"独立型旅游资源单体"和由同一类型的独立单体结合在一起的"集合型旅游资源单体"。

3.4 旅游资源调查 investigation of tourism resources

按照旅游资源分类标准，对旅游资源单体进行的研究和记录。

3.5 旅游资源共有因子评价 community factor evaluation of tourist resources

按照旅游资源基本类型所共同拥有的因子对旅游资源单体进行的价值和程度评价。

4. 旅游资源分类

4.1 分类原则

依据旅游资源的性状，即现存状况、形态、特性、特征划分。

4.2 分类对象

稳定的、客观存在的实体旅游资源。

不稳定的、客观存在的事物和现象。

4.3 分类结构

分为"主类""亚类""基本类型"3个层次。

每个层次的旅游资源类型有相应的汉语拼音代号，见表1。

表1 旅游资源分类表

主类	亚类	基本类型
A 地文景观	AA 综合自然旅游地	AAA 山丘型旅游地 AAB 谷地型旅游地 AAC 沙砾石地型旅游地 AAD 滩地型旅游地 AAE 奇异自然现象 AAF 自然标志地 AAG 垂直自然地带
	AB 沉积与构造	ABA 断层景观 ABB 褶曲景观 ABC 节理景观 ABD 地层剖面 ABE 钙华与泉华 ABF 矿点矿脉与矿石积聚地 ABG 生物化石点
	AC 地质地貌过程形迹	ACA 凸峰 ACB 独峰 ACC 峰丛 ACD 石（土）林 ACE 奇特与象形山石 ACF 岩壁与岩缝 ACG 峡谷段落 ACH 沟壑地 ACI 丹霞 ACJ 雅丹 ACK 堆石洞 ACL 岩石洞与岩穴 ACM 沙丘地 ACN 岸滩
	AD 自然变动遗迹	ADA 重力堆积体 ADB 泥石流堆积 ADC 地震遗迹 ADD 陷落地 ADE 火山与熔岩 ADF 冰川堆积体 ADG 冰川侵蚀遗迹
	AE 岛礁	AEA 岛区 AEB 岩礁
B 水域风光	BA 河段	BAA 观光游憩河段 BAB 暗河河段 BAC 古河道段落
	BB 天然湖泊与池沼	BBA 观光游憩湖区 BBB 沼泽与湿地 BBC 潭池
	BC 瀑布	BCA 悬瀑 BCB 跌水
	BD 泉	BDA 冷泉 BDB 地热与温泉
	BE 河口与海面	BEA 观光游憩海域 BEB 涌潮现象 BEC 击浪现象
	BF 冰雪地	BFA 冰川观光地 BFB 常年积雪地

续表

主类	亚类	基本类型
C 生物景观	CA 树木	CAA 林地　CAB 丛树　CAC 独树
	CB 草原与草地	CBA 草地　CBB 疏林草地
	CC 花卉地	CCA 草场花卉地　CCB 林间花卉地
	CD 野生动物栖息地	CDA 水生动物栖息地　CDB 陆地动物栖息地　CDC 鸟类栖息地　CDE 蝶类栖息地
D 天象与气候景观	DA 光现象	DAA 日月星辰观察地　DAB 光环现象观察地　DAC 海市蜃楼现象多发地
	DB 天气与气候现象	DBA 云雾多发区　DBB 避暑气候地　DBC 避寒气候地　DBD 极端与特殊气候显示地　DBE 物候景观
E 遗址遗迹	EA 史前人类活动场所	EAA 人类活动遗址　EAB 文化层　EAC 文物散落地　EAD 原始聚落
	EB 社会经济文化活动遗址遗迹	EBA 历史事件发生地　EBB 军事遗址与古战场　EBC 废弃寺庙　EBD 废弃生产地　EBE 交通遗迹　EBF 废城与聚落遗迹　EBG 长城遗迹　EBH 烽燧
F 建筑与设施	FA 综合人文旅游地	FAA 教学科研实验场所　FAB 康体游乐休闲度假地　FAC 宗教与祭祀活动场所　FAD 园林游憩区域　FAE 文化活动场所　FAF 建设工程与生产地　FAG 社会与商贸活动场所　FAH 动物与植物展示地　FAI 军事观光地　FAJ 边境口岸　FAK 景物观赏点
	FB 单体活动场馆	FBA 聚会接待厅堂（室）　FBB 祭拜场馆　FBC 展示演示场馆　FBD 体育健身馆场　FBE 歌舞游乐场馆
	FC 景观建筑与附属型建筑	FCA 佛塔　FCB 塔形建筑物　FCC 楼阁　FCD 石窟　FCE 长城段落　FCF 城（堡）　FCG 摩崖字画　FCH 碑碣（林）　FCI 广场　FCJ 人工洞穴　FCK 建筑小品
	FD 居住地与社区	FDA 传统与乡土建筑　FDB 特色街巷　FDC 特色社区　FDD 名人故居与历史纪念建筑　FDE 书院　FDF 会馆　FDG 特色店铺　FDH 特色市场
	FE 归葬地	FEA 陵区陵园　FEB 墓（群）　FEC 悬棺
	FF 交通建筑	FFA 桥　FFB 车站　FFC 港口渡口与码头　FFD 航空港　FFE 栈道
	FG 水工建筑	FGA 水库观光游憩区段　FGB 水井　FGC 运河与渠道段落　FGD 堤坝段落　FGE 灌区　FGF 提水设施
G 旅游商品	GA 地方旅游商品	GAA 菜品饮食　GAB 农林畜产品与制品　GAC 水产品与制品　GAD 中草药材及制品　GAE 传统手工产品与工艺品　GAF 日用工业品　GAG 其他物品

续表

主类	亚类	基本类型
H 人文活动	HA 人事记录	HAA 人物　HAB 事件
	HB 艺术	HBA 文艺团体　HBB 文学艺术作品
	HC 民间习俗	HCA 地方风俗与民间礼仪　HCB 民间节庆　HCC 民间演艺　HCD 民间健身活动与赛事　HCE 宗教活动　HCF 庙会与民间集会　HCG 饮食习俗　HGH 特色服饰
	HD 现代节庆	HDA 旅游节　HDB 文化节　HDC 商贸农事节　HDD 体育节
数量统计		
8 主类	31 亚类	155 基本类型

［注］如果发现本分类没有包括的基本类型时，使用者可自行增加。增加的基本类型可归入相应亚类，置于最后，最多可增加2个。编号方式为：增加第1个基本类型时，该亚类2位汉语拼音字母＋Z、增加第2个基本类型时，该亚类2位汉语拼音字母＋Y。

5. 旅游资源调查

5.1 基本要求

5.1.1 按照本标准规定的内容和方法进行调查。

5.1.2 保证成果质量，强调整个运作过程的科学性、客观性、准确性，并尽量做到内容简洁和量化。

5.1.3 充分利用与旅游资源有关的各种资料和研究成果，完成统计、填表和编写调查文件等项工作。调查方式以收集、分析、转化、利用这些资料和研究成果为主，并逐个对旅游资源单体进行现场调查核实，包括访问、实地观察、测试、记录、绘图、摄影，必要时进行采样和室内分析。

5.1.4 旅游资源调查分为"旅游资源详查"和"旅游资源概查"二个档次，其调查方式和精度要求不同。

5.2 旅游资源详查

5.2.1 适用范围和要求

5.2.1.1 适用于了解和掌握整个区域旅游资源全面情况的旅游资源调查。

5.2.1.2 完成全部旅游资源调查程序，包括调查准备、实地调查。

5.2.1.3 要求对全部旅游资源单体进行调查，提交全部"旅游资源单体调查表"。

5.2.2 调查准备

5.2.2.1 调查组

5.2.2.1.1 调查组成员应具备与该调查区旅游环境、旅游资源、旅游开发有关的专业知识，一般应吸收旅游、环境保护、地学、生物学、建筑园林、历史文化、旅游管理等方面的专业人员参与。

5.2.2.1.2 根据本标准的要求，进行技术培训。

5.2.2.1.3 准备实地调查所需的设备如定位仪器、简易测量仪器、影像设备等。

5.2.2.1.4 准备多份"旅游资源单体调查表"。

5.2.2.2 资料收集范围

5.2.2.2.1 与旅游资源单体及其赋存环境有关的各类文字描述资料，包括地方志书、乡土教材、旅游区与旅游点介绍、规划与专题报告等。

5.2.2.2.2 与旅游资源调查区有关的各类图形资料，重点是反映旅游环境与旅游资源的专题地图。

5.2.2.2.3 与旅游资源调查区和旅游资源单体有关的各种照片、影像资料。

5.2.3 实地调查

5.2.3.1 程序与方法

5.2.3.1.1 确定调查区内的调查小区和调查线路

为便于运作和此后旅游资源评价、旅游资源统计、区域旅游资源开发的需要，将整个调查区分为"调查小区"。调查小区一般按行政区划分（如省级一级的调查区，可将地区一级的行政区划分为调查小区；地区一级的调查区，可将县级一级的行政区划分为调查小区；县级一级的调查区，可将乡镇一级的行政区划分为调查小区），也可按现有或规划中的旅游区域划分。

调查线路按实际要求设置，一般要求贯穿调查区内所有调查小区和主要旅游资源单体所在的地点。

5.2.3.1.2 选定调查对象

选定下述单体进行重点调查：具有旅游开发前景，有明显经济、社会、文化价值的旅游资源单体；集合型旅游资源单体中具有代表性的部分；代表调查区形象的旅游资源单体。

对下列旅游资源单体暂时不进行调查：明显品位较低，不具有开发利用价值的；与国家现行法律、法规相违背的；开发后有损于社会形象的或可能造成环境问题的；影响国计民生的；某些位于特定区域内的。

5.2.3.1.3 填写《旅游资源单体调查表》

对每一调查单体分别填写一份"旅游资源单体调查表"（见本标准附录B）。调查表各项内容填写要求如下：

①单体序号：由调查组确定的旅游资源单体顺序号码。

②单体名称：旅游资源单体的常用名称。

③"代号"项：代号用汉语拼音字母和阿拉伯数字表示，即"表示单体所处位置的汉语拼音字母－表示单体所属类型的汉语拼音字母－表示单体在调查区内次序的阿拉伯数字"。

如果单体所处的调查区是县级和县级以上行政区，则单体代号按"国家标准行政代码（省代号2位－地区代号3位－县代号3位，参见 GB/T 2260－1999 中华人民共和国行政区代码）－旅游资源基本类型代号3位－旅游资源单体序号2位"的方式设置，共5组13位数，每组之间用短线"－"连接。

如果单体所处的调查区是县级以下的行政区，则旅游资源单体代号按"国家标准行政代码（省代号2位－地区代号3位－县代号3位，参见 GB/T 2260－1999 中华人民共和国行政区代码）－乡镇代号（由调查组自定2位）－旅游资源基本类型代号3位－旅游资源单体序号2位"的方式设置，共6组15位数，每组之间用短线"－"连接。

如果遇到同一单体可归入不同基本类型的情况，在确定其为某一类型的同时，可在"其他代号"后按另外的类型填写。操作时只需改动其中"旅游资源基本类型代号"，其他代号项目不变。

填表时，一般可省略本行政区及本行政区以上的行政代码。

④"行政位置"项：填写单体所在地的行政归属，从高到低填写政区单位名称。

⑤"地理位置"项：填写旅游资源单体主体部分的经纬度（精度到秒）。

⑥"性质与特征"项：填写旅游资源单体本身个性，包括单体性质、形态、结构、组成成分的外在表现和内在因素，以及单体生成过程、演化历史、人事影响等主要环境因素，提示如下：

1）外观形态与结构类：旅游资源单体的整体状况、形态和突出（醒目）点；代表形象部分的细节变化；整体色彩和色彩变化、奇异华美现象，装饰艺术特色等；组成单体整体各部分的搭配关系和安排情况，构成单体主体部分的构造细节、构景要素等。

2）内在性质类：旅游资源单体的特质，如功能特性、历史文化内涵与格调、科学价值、艺术价值、经济背景、实际用途等。

3）组成成分类：构成旅游资源单体的组成物质、建筑材料、原料等。

4）成因机制与演化过程类：表现旅游资源单体发生、演化过程、演变的时序数值；生成和运行方式，如形成机制、形成年龄和初建时代、废弃时代、发现或制造时间、盛衰变化、历史演变、现代运动过程、生长情况、存在方式、展示演演及活动内容、开放时间等。

5）规模与体量类：表现旅游资源单体的空间数值如占地面积、建筑面积、体积、容积等；个性数值如长度、宽度、高度、深度、直径、周长、进深、面宽、海拔、高差、产值、数量、生长期等；比率关系数值如矿化度、曲度、比降、覆盖度、圆度等。

6）环境背景类：旅游资源单体周围的境况，包括所处具体位置及外部环境如目前与其共存并成为单体不可分离的自然要素和人文要素，如气候、水文、生物、文物、民族等；影响单体存在与发展的外在条件，如特殊功能、雪线高度、重要战事、主要矿物质等；单体的旅游价值和社会地位、级别、知名度等。

7）关联事物类：与旅游资源单体形成、演化、存在有密切关系的典型的历史人物与事件等。

⑦"旅游区域及进出条件"项：包括旅游资源单体所在地区的具体部位、进出交通、与周边旅游集散地和主要旅游区（点）之间的关系等。

⑧"保护与开发现状"项：旅游资源单体保存现状、保护措施、开发情况等。

⑨"共有因子评价问答"项：旅游资源单体的观赏游憩价值、历史文化科学艺术价值、珍稀或奇特程度、规模丰度与概率、完整性、知名度和影响力、适游期和使用范围、污染状况与环境安全。

5.3 旅游资源概查

5.3.1 适用范围和要求

5.3.1.1 适用于了解和掌握特定区域或专门类型的旅游资源调查。

5.3.1.2 要求对涉及的旅游资源单体进行调查。

5.3.2 调查技术要点

5.3.2.1 参照"旅游资源详查"中的各项技术要求。

5.3.2.2 简化工作程序，如不需要成立调查组，调查人员由其参与的项目组织协调委派；资料收集限定在与专门目的所需要的范围；可以不填写或择要填写"旅游资源单体调查表"等。

6. 旅游资源评价

6.1 总体要求

6.1.1 按照本标准的旅游资源分类体系对旅游资源单体进行评价。

6.1.2 本标准采用打分评价方法。

6.1.3 评价主要由调查组完成。

6.2 评价体系

本标准依据"旅游资源共有因子综合评价系统"赋分。

本系统设"评价项目"和"评价因子"两个档次。

评价项目为"资源要素价值""资源影响力""附加值"。

其中：

"资源要素价值"项目中含"观赏游憩使用价值""历史文化科学艺术价值""珍稀奇特程度""规模、丰度与概率""完整性"5项评价因子。

"资源影响力"项目中含"知名度和影响力""适游期或使用范围"2项评价因子。

"附加值"含"环境保护与环境安全"1项评价因子。

6.3 计分方法

6.3.1 基本分值

6.3.1.1 评价项目和评价因子用量值表示。资源要素价值和资源影响力总分值为100分，其中：

"资源要素价值"为85分，分配如下："观赏游憩使用价值"30分、"历史科学文化艺术价值"25分、"珍稀或奇特程度"15分、"规模、丰度与概率"10分、"完整性"5分。

"资源影响力"为15分，其中："知名度和影响力"10分、"适游期或使用范围"5分。

6.3.1.2 "附加值"中"环境保护与环境安全"，分正分和负分。

6.3.1.3 每一评价因子分为4个档次，其因子分值相应分为4档。

旅游资源评价赋分标准见表2。

表2 旅游资源评价赋分标准

评价项目	评价因子	评价依据	赋值
资源要素价值（85分）	观赏游憩使用价值（30分）	全部或其中一项具有极高的观赏价值、游憩价值、使用价值。	30~22
		全部或其中一项具有很高的观赏价值、游憩价值、使用价值。	21~13
		全部或其中一项具有较高的观赏价值、游憩价值、使用价值。	12~6
		全部或其中一项具有一般观赏价值、游憩价值、使用价值。	5~1

续表

评价项目	评价因子	评价依据	赋值
资源要素价值（85分）	历史文化科学艺术价值（25分）	同时或其中一项具有世界意义的历史价值、文化价值、科学价值、艺术价值。	25~20
		同时或其中一项具有全国意义的历史价值、文化价值、科学价值、艺术价值。	19~13
		同时或其中一项具有省级意义的历史价值、文化价值、科学价值、艺术价值。	12~6
		历史价值，或文化价值，或科学价值，或艺术价值具有地区意义。	5~1
	珍稀奇特程度（15分）	有大量珍稀物种，或景观异常奇特，或此类现象在其他地区罕见。	15~13
		有较多珍稀物种，或景观奇特，或此类现象在其他地区很少见。	12~9
		有少量珍稀物种，或景观突出，或此类现象在其他地区少见。	8~4
		有个别珍稀物种，或景观比较突出，或此类现象在其他地区较多见。	3~1
	规模、丰度与概率（10分）	独立型旅游资源单体规模、体量巨大；集合型旅游资源单体结构完美、疏密度优良级；自然景象和人文活动周期性发生或频率极高。	10~8
		独立型旅游资源单体规模、体量较大；集合型旅游资源单体结构很和谐、疏密度良好；自然景象和人文活动周期性发生或频率很高。	7~5
		独立型旅游资源单体规模、体量中等；集合型旅游资源单体结构和谐、疏密度较好；自然景象和人文活动周期性发生或频率较高。	4~3
		独立型旅游资源单体规模、体量较小；集合型旅游资源单体结构较和谐、疏密度一般；自然景象和人文活动周期性发生或频率较小。	2~1
	完整性（5分）	形态与结构保持完整。	5~4
		形态与结构有少量变化，但不明显。	3
		形态与结构有明显变化。	2
		形态与结构有重大变化。	1

续表

评价项目	评价因子	评价依据	赋值
资源影响力（15分）	知名度和影响力（10分）	在世界范围内知名，或构成世界承认的名牌。	10~8
		在全国范围内知名，或构成全国性的名牌。	7~5
		在本省范围内知名，或构成省内的名牌。	4~3
		在本地区范围内知名，或构成本地区名牌。	2~1
	适游期或使用范围（5分）	适宜游览的日期每年超过300天，或适宜于所有游客使用和参与。	5~4
		适宜游览的日期每年超过250天，或适宜于80%左右游客使用和参与。	3
		适宜游览的日期超过150天，或适宜于60%左右游客使用和参与。	2
		适宜游览的日期每年超过100天，或适宜于40%左右游客使用和参与。	1
附加值	环境保护与环境安全	已受到严重污染，或存在严重安全隐患。	-5
		已受到中度污染，或存在明显安全隐患。	-4
		已受到轻度污染，或存在一定安全隐患。	-3
		已有工程保护措施，环境安全得到保证。	3

6.3.2 计分与等级划分

6.3.2.1 计分

根据对旅游资源单体的评价，得出该单体旅游资源共有综合因子评价赋分值。

6.3.2.2 旅游资源评价等级指标

依据旅游资源单体评价总分，将其分为五级，从高级到低级为：

五级旅游资源，得分值域≥90分。

四级旅游资源，得分值域≥75~89分。

三级旅游资源，得分值域≥60~74分。

二级旅游资源，得分值域≥45~59分。

一级旅游资源，得分值域≥30~44分。

此外还有：

未获等级旅游资源，得分≤29分。

其中：

五级旅游资源称为"特品级旅游资源"；

五级、四级、三级旅游资源被通称为"优良级旅游资源";

二级、一级旅游资源被通称为"普通级旅游资源"。

7. 提交文(图)件

7.1 文(图)件内容和编写要求

7.1.1 全部文(图)件包括《旅游资源调查区实际资料表》、《旅游资源图》、《旅游资源调查报告》。

7.1.2 旅游资源详查和旅游资源概查的文(图)件类型和精度不同,旅游资源详查需要完成全部文(图)件,包括填写《旅游资源调查区实际资料表》,编绘《旅游资源地图》,编写《旅游资源调查报告》。旅游资源概查要求编绘《旅游资源地图》,其他文件可根据需要选择编写。

7.2 文(图)件产生方式

7.2.1 《旅游资源调查区实际资料表》的填写

7.2.1.1 调查区旅游资源调查、评价结束后,由调查组填写。

7.2.1.2 按照本标准附录 C 规定的栏目填写,栏目内容包括:调查区基本资料、各层次旅游资源数量统计、各主类、亚类旅游资源基本类型数量统计、各级旅游资源单体数量统计、优良级旅游资源单体名录、调查组主要成员、主要技术存档材料。

7.2.1.3 本表同样适用于调查区实际资料的填写。

7.2.2 《旅游资源图》的编绘

7.2.2.1 类型

——"旅游资源图",表现五级、四级、三级、二级、一级旅游资源单体。

——"优良级旅游资源图",表现五级、四级、三级旅游资源单体。

7.2.2.2 编绘程序与方法

7.2.2.2.1 准备工作底图

①等高线地形图:比例尺视调查区的面积大小而定,较大面积的调查区为 1∶50 000~1∶200 000,较小面积的调查区为 1∶5 000~1∶25 000,特殊情况下为更大比例尺。

②调查区政区地图

7.2.2.2.2 在工作底图的实际位置上标注旅游资源单体(部分集合型单体可将范围绘出)。各级旅游资源使用下列图例(表3)。

表3　旅游资源图图例

旅游资源等级	图例	使用说明
五级旅游资源	■	1. 图例大小根据图面大小而定，形状不变。 2. 自然旅游资源（旅游资源分类表中主类 A、B、C、D）使用蓝色图例；人文旅游资源（旅游资源分类表中主类 E、F、G、H）使用红色图例。
四级旅游资源	●	
三级旅游资源	◆	
二级旅游资源	□	
一级旅游资源	○	

7.2.2.2.3　单体符号一侧加注旅游资源单体代号或单体序号。

7.2.3　《旅游资源调查报告》的编写

各调查区编写的旅游资源调查报告，基本篇目如下：

前言

第一章　调查区旅游环境

第二章　旅游资源开发历史和现状

第三章　旅游资源基本类型

第四章　旅游资源评价

第五章　旅游资源保护与开发建议

主要参考文献

附图：《旅游资源图》或《优良级旅游资源图》

参 考 文 献

[1] 洪帅. 旅游学概论 [M]. 第 2 版. 上海：上海交通大学出版社，2011.
[2] 李天元. 旅游学概论 [M]. 第 4 版. 天津：南开大学出版社，2003.
[3] 韩燕平. 旅游学概论 [M]. 第 2 版. 北京：北京理工大学出版社，2017.
[4] 万剑敏. 旅行社产品设计 [M]. 北京：旅游教育出版社，2014.
[5] 刘毅. 中国旅游百科全书：第 1 册 [M]. 北京：中国大百科全书出版社，1999.
[6] 张道顺. 旅游产品设计与操作手册 [M]. 第 3 版. 北京：旅游教育出版社，2012.
[7] 卢云亭. 生态旅游与可持续发展 [J]. 经济地理，1996（1）：106－112.
[8] 张惠华. 我国生态旅游的发展现状及对策研究 [J]. 旅游经济，2014（4）：87－88.
[9] 罗明义. 旅游经济学 [M]. 北京：北京：北京师范大学出版社，2009.
[10]［美］克里斯·库珀. 旅游学精要 [M]. 大连：东北财经大学出版社，2013.
[11] 邹统纤，陈芸. 旅游目的地营销 [M]. 北京：经济管理出版社，2012.
[12] 林南枝，黄晶. 旅游市场学 [M]. 第 3 版. 天津：南开大学出版社，2012.
[13] 李天元. 中国旅游可持续发展研究 [M]. 天津：南开大学出版社，2004.
[14] 张吉献，李伟丽. 旅游资源学 [M]. 北京：机械工业出版社，2014.
[15] 刘振礼，王兵. 中国旅游地理 [M]. 天津：南开大学出版社，2001.
[16] 张科，李璐. 旅游学导论 [M]. 北京：北京理工大学出版社，2017.
[17] 丁凤芹. 我国智慧旅游及其发展对策研究 [J]. 城市经济，2012（1）：32－34.
[18] 李云鹏. 智慧旅游 [M]. 北京：中国旅游出版社，2013.
[19] 陈兴红. 互联网＋旅游的几点思考 [N]. 淮安日报，2016－01－27.